技巧

如何用一年时间获得十年的经验

JUST DO IT

郝培强◎著

从入门、进阶到精通

让你一步步成为大神

湖南文艺出版社
HUNAN LITERATURE AND ART PUBLISHING HOUSE
博集天卷
CS-BOOKY

目录 CONTENTS

PART 1

让人恐惧的不是死亡，而是希望

PART 2

我们的伟业
是持续地改变自己

PART 3

前行的力量

PART 4

我们都活在生活之中

「自序」

每个人都是超级英雄

我祖籍是四川绵阳的小县城梓潼，不过我生在天津。我父亲是中海油塘沽公司的职工，那时候叫作渤海石油。而我的母亲没有城市户口，还是农民，所以，我们家不能分配房子，我们住在渤海石油的一块专门给单职工家属开辟的区域，农场。我母亲务农，我父亲上班。渤海石油是一个非常大的单位，当年光是这样的农场就有十来个，我们家在其中一个，有几十户，算是比较小的农场。

考大学的那年，我估分的时候，觉得自己没有过本科线，本来是很惶恐的，觉得父母培养了多年，最后成了一个残次品的感觉。后来分数线下来，我还是过了本科线的，不过分数并不高，选择不多。我可以去天津的几个收底的学校，也可以去西南石油学院（现改名叫作西南石油大学）。西南石油，在石油系统里面是排行第二的学校，家里觉得如果上西南石油的话，我未来回渤海石油机会比较大，于是我就去了四川南充上学。

其实我并不算很有想法的人。后来，在大学因为沉迷电脑，对数学以及其他的课程都旷课颇多，造成最后挂科无数，甚至毕业一度都成了问题。我父母曾有一次被叫到学校去见老师，他们颇为失望，本来觉得我从小都还算是个省心的孩子，但是突然之间就变成了问题少年。那时候有一次深谈，我父母甚至告诉我，如果真的被退学了，要去找计算机相关的工作，他们也会支持我，但是已经大三了，能糊弄过最后一年就糊弄过去吧。于是，最终我还是毕业了。

但是那件事情使我发现，我是一个表面随和，但是内心非常坚硬的人。我没有办法对抗我对这个世界的理解，当我对那些科目失去了兴趣，当我对大学失去了兴趣，我很难装出我喜欢的样子。这对我后来的择业产生了很大的影响。

这个影响就是，毕业双选的阶段，我甚至不想走进双选会场，我们学校的双选会，我一场都没有参加，倒是跟着几个同学跑了几次成都，也没有特别心动的感觉。于是毕业以后，我都没有选定工作，曾经在家里窝了三个月，直到有一天，我妈用扫把打了我一顿，赶我出门去找工作，我才真出门。

我随便投了一份简历，然后在天津的一家公司上班。后来，又去了北京，在北京飘零了7年以后，去了上海，在上海干了4年。去年，我们高中同学组织高中同学20年再回首的大聚会，40多人班级来了大半，感慨唏嘘之余，可以发现的是，我的高中同学大部分都留在了石油系统内部，即使不在中海油，或者中海油天津公司，也在中海油的其他公司，或者中石油中石化。很多人娶了学妹或者嫁了学长，或者找了单位内部哪个叔叔的儿子或者女儿。而我就颇为飘零，这些年，换了无数地方，熟悉了一帮朋友，然后分开，熟悉了一帮朋友，然后又分开。慢慢地变得身边都没有什么超过5年的朋友。

一则以喜，一则以忧，忧的是感觉自己太飘零，喜的则是终于跳出了一个循环。去年跟父母回四川老家的时候，路边的老人往往是他们的旧相识，小学同学，或者生产队的好友，而我父母也飘在外面几十年，庄周好呢，还是蝴蝶好呢，谁也不知道，我们都有自己的人生。

我曾经去过一次安徽农村，朋友的父亲还在家里务农，自己打理了很大一块地的玉米，我们去的时候，他刚好收了很多玉米回来，有几车那么多，我问他这些玉米要吃可以吃多久，他说吃几年都吃不完。我问他卖能卖多少钱，他说只能卖2000多的样子。当时，我对物力艰辛和农村的经济困境就有了非常清楚的认识。

村子里面有不少让我看起来也很艳羡的小洋楼，他指给我看这是他大哥的，那是他二哥的。我说，你们家很不孝顺啊，你大哥二哥这么大房子，为啥你父亲住一个破旧的院子呢。他说，你看那两个房子那么大，我爸要是想住的话当然可以，但是只有他们老两口加上我大哥的孩子住，住大房子觉得太浪费啊。

房子看起来很新，我就问他什么时候建的，他说是10年前他大哥结婚的时候盖的，两口子住了几天就去打工了，一直没再住，5年前翻新过一次，最近又在考虑要不要再翻新一次。这也是一种循环。

城市人也在某种循环之中。大多数人毕业以后就开始考虑买房，自己挣钱或者家人出钱，买一个小房子。然后一生都在还房贷，挣钱争取买更大的房子。等到买了大房子，孩子也大了，需要上学了，这时候发现学区不够好，只好再攒钱买一个小学区房，全家搬过去。最近这几年，新的循环产生了，以前是大学把孩子送出去，后来是高中，现在是初中，或者小学。甚至开始考虑一上幼儿园、小学，就上双语和国际学校，等等。

我知道每个人都难以超越自己的时代，自己的经济阶层，但是我一直在努力跳出一个又一个的循环，走自己的路，很多时候并不顺利，也很艰难，甚至会后悔，但是，也有快乐的部分，也有窃喜的部分。

其实什么是超级英雄？真的要会飞吗？真的要两眼会喷火吗？

我们都有恐惧，都有不喜欢做的事情。谁不喜欢空调房呢？我超爱空调，我认为人类最伟大的发明就是空调。当你为了一个目标，走出舒适地带的时候，你就是超级英雄。

这世间那么多伟业，恰巧都不是三头六臂的人创造的。

前两天，有人说鸡汤都是假的，家里有钱和天赋都太强大，根本轮不到拼努力。

是的，也许终我一生，都不能比思聪少爷有钱。

所以，我们就应该洗洗睡了，不要幻想，不要努力，不要继续前行吗？

当然，如果你真的喜欢这样也没啥不好。

但干吗要跟思聪少爷比？你比昨天的自己更聪明，更有学识，更有能力，不也是伟业吗？

戴上耳机，走在喧嚣的街道，看着旁边走过的人流，我总是想，你以为我也是庸碌之辈吗？你们知道我多么伟大吗？我曾经无数次战胜自己，我没有尽头，我不可阻挡。

时至今日，我才明白，我们的伟业不是改变世界，而是持续地改变自己，push（推动）自己到新的limit（限度），寻找并扩展自己的边界，而改变世界这样的小事情，只是我们前进中的副产品而已。

1
PART
一

让人恐惧的不是死亡，而是希望

所以，我不想长大，我只想做一个愚蠢的孩子，我不想编瞎话骗人，我想简单真诚地对所有的人，我想永远保持好奇心，我想每一天都过得不同，但是都很快乐，都发现新的天地，都在梦中傻笑，口水浸湿枕头……

一 我前妻的故事：一个初中肄业生的奋斗

认识我的前妻是在2008年的时候，那时候，我和朋友开了一家技术咨询公司。后来，有一家做积分之类的网站找到我们，说他们的系统稳定性太差，问我们能不能解决。当时那家公司离我家比较近，就由我主力负责。

那家公司人不少，不过做技术的只有几个人，跟我接洽的主要就是我前妻和另外一个小伙子。谈了一段时间的方案，后来，我开始介入他们的开发流程，当时我前妻负责的内容最多，所以跟她打交道很多。

她代码写得有点儿乱，所以，我就问她是什么出身，她就说是某大学毕业，后来上了北大青鸟的培训班学的编程。

我们业内一般都喜欢嘲笑培训班出来的学生，有几个原因。

1．求职简历都写得完全一样。你第一次收到某培训班学生的简历，可能感觉还不错，懂的东西不少，参与的项目也有点儿意思，说话也头头是道。然后，你发现后面30份简历都几乎一模一样的时候，你就会想说，简历这个样子的我一个也不想要了。

2．缺乏自学能力。很多人就是因为觉得没有自学能力而去了培训班，去了以后，觉得“让我学会”是老师的任务。这样的学生，即使最后学会了老师教的一切，往往也是废的，因为稍微变化一点儿的东西就学不会。

3．不懂得任何良好的编码习惯、调试、调优技巧。培训班的老师们把课程全部都灌输给学生已经够困难了，这些自然就是奢谈。当然，国内大部分大学教出来的学生也是这样的。这些东西太庞杂，太烦琐，靠看书和老师教很难习得。必须自己不断地去做东西，在这个过程中不断地改进自己。

4. 很多老师和培训机构为了追求就业率，传授各种简历面试技巧，甚至不惜帮助学生作弊，统一教出来，所以简历和说话都是一个味道。

5. 因为无知而狂妄。

我个人从来不会鄙视任何一个从培训班出来的学生，但是，对这种现象，对不能跳出来的人，自然也没有什么尊重。她倒是有点儿不同，对我特别客气，什么都问，什么都想知道。我对所有可以虚心学习，并且有一定悟性的人，都很友善。

我就发现她最大的问题，还在于完全不懂好的编码习惯是什么。甚至到了基本上完全不用函数的程度。她当时在那家公司写 ASP，代码都是面条代码，一个页面可以到几千行，但是一个函数都没有。自然遇到了问题也不知道怎么解决，也没有任何简单的调试技巧。更重要的是，找到了问题，改起来也经常出问题。

于是，我就开始教她什么是函数，什么是抽象，为什么代码要工整，为什么要缩进对齐。

这些东西她慢慢学会了以后，代码质量就提高了很多，出的问题也越来越少。

她很高兴，说要请我吃饭。我当时收入高她很多倍，当然不会让女孩子请我吃饭了，于是就我请她吃饭。慢慢地交往越来越多，后来就在一起了。

在一起以后，她才告诉了我很多她以前的故事。

她老家在一个农村，父母务农，姐姐从小去北京打工，哥哥也都在外地打工。她小学成绩还不错，到了初中，上学也没有心思，结果初中没上完就辍学了，在家里务农，帮父母做做饭，放放羊，做些农活。到了十六七岁，她姐姐回老家的时候说，小丫头这么小就在家里务农就废了，既然不上学就跟我去北京打工吧。

她就这样来了北京。她姐姐刚嫁了一个本地男人，生了孩子，她来北京的第一份工作就是帮姐姐带孩子。一年后，孩子上了幼儿园，她和姐姐一起在门口的小饭馆、招待所打工，端盘子、洗床单、铺床单等等。

后来，她姐觉得要学一门手艺，于是去了理发店打工。因为她姐学得很快，又很会来事儿，慢慢地就成了理发店的顶梁柱，也成了女老板的好朋友。然后有一天，理发店的女老板，问她姐想不想自己来开店。她姐其实很有野心，就答应了，回家两口子凑了点儿钱，又借了点儿钱，把店盘了下来。

然后，她就跟着她姐一起学理发。

这是北京胡同里面的一家小理发店，客户都是周边的住户，以大爷大妈为主。她在这样的理发店里面做学徒，月工资也就是 800 块钱，住在姐姐家里。

有一天，来了一个小伙子理发，这小伙子穿得西装笔挺，背一个干净的公文包，看起来很精神。她很少见这样的顾客，就攀谈起来。小伙子说自己是北京工业大学毕业的，毕业以后，上了一个北大青鸟学编程，现在写程序一个月可以挣 8000 块钱。她当时就傻了，整个胡同里面都是些北京糙老爷们儿，都是做一些扯淡的事情，她还没见过正经上班，而且挣钱那么多的年轻人。

她就问了一个改变自己一生的问题，她问，我初中都没毕业可以去学编程吗？那小伙子说可以。

于是，虽然她从来没有碰过电脑，虽然她不知道什么是编程，但是她已经有了一个理想，那就是做程序员，一个月挣 8000 块钱。

她跟姐姐商量，她姐说，你初中都没毕业，脑子不好使，学不会的，程序员都是聪明人做的。她其实也不知道自己能不能学会，但是 8000 块钱太诱惑了，就继续死缠着她姐。

最后，她姐夫问，学北大青鸟要花多少钱。她说，买电脑需要 8000，学习需要 1 万。她姐夫就说，这些钱咱们有，既然丫头有这个想法，咱们就让她试试吧，万一学不会电脑也不会糟践，咱们可以自己留着玩游戏看电影。她姐拗不过这两个人的意见，最终同意了。

于是，家里买了一台电脑，给她报名上了北大青鸟。

她说，第一次上课的时候，老师课后说，请大家把今天的资料用 U 盘拷走，然后关机下课。她闷了一天，终于跟旁边的人说了两句话，一句是问什么是 U 盘，一句是问怎么关机。

半年后，培训结束，她开始找工作，费尽千辛万苦，找到了第一份工作，工资 1800 块钱，干了不到三个月被开除，因为不会的东西太多。第二份工作，2000 块钱，也没干完三个月。我认识她的时候，这是她的第三份工作，勉强做下来了，虽然代码写得不够好，但是毕竟没有被开除。当时她一个月挣 2400 块钱。

我当时就问她，2400 固然比 800 块钱多，但是做学徒包吃包住（虽然是在她姐家，但是去别家也差不多），800 花不了多少，而且干满一年多两年的话，工资差不多也能涨到 2000~3000 多。相比之下程序员其实赚得也不算多吧？

她就说，她找到第一份工作的时候，就买了白衬衣、西裤、小皮鞋，感觉自己是一个白领。以前理发、端盘子，都像是伺候人的活儿。而且她觉得自己现在本事不大，挣少点儿合理，未来一定可以挣到 8000 块。

后来，她所在的公司跟我们公司扯皮，想赖掉咨询费，甚至拿我和她谈恋爱说事儿。我的合伙人去起诉了那个公司，我们赢了，拿回了咨询费。我跟她说，这公司太扯淡，哪里都有好工作，就让她辞职了。

后来，我告诉她 PHP 比 ASP 市场大，她就开始跟我学，学了一段时间，然后找了一份新工作，挣到了 4000 多一个月。

后来，我们结婚了，她怀孕了，生了我们家小宝贝郝依然。断奶以后，她想去上班，希望我能帮她找一个收入可以提高，而且可以锻炼自己水平的工作。

我当时就问了问朋友们，我有个好朋友老刘当时在某家公司负责技术，他正好缺人。我就把我前妻的情况跟他说了下，他说，咱们关系虽然好，但你能不能坦率地说，你老婆的水平到底如何。我说，PHP 是初学，以前写过几年 ASP，水平一般，经验还不够，但是好处是非常聪明，而且非常肯学。

老刘说，可以让她来，但是我先说明白，即使是你的老婆，我该批评该骂也不会客气的。你们要想清楚，别到时候被我骂哭了，又走掉，就浪费大家的时间精力了。

我就跟我前妻说明了情况，老刘技术很好，对人也很严格，在他手下工作成长会很快，但是他性子特别直，不会因为我们的关系就对你特殊照顾，如果你不能努力的话，很可能就没办法站稳脚跟。

结果她信心满满地答应下来了。

然后第一天下班，她到家就抱着我哭，我说咋了，她说，老刘骂人太狠了，要求太高了，她哭了一整天了。

我说，那就算了吧，哪里找不到一份工作呢。

她说，不，我觉得老刘骂得对，这样对我严格要求我会成长得很快的。

于是，每天回家都是哭，但是哭得越来越少。

有一天，我打电话问老刘，问问她做得如何。老刘说，基础真是差，但是人也真是好学，怎么骂都只是哭，从来不发脾气，哭完了认认真真做事情，做完了才走。转正后，她工资到了6000。

到今天老刘和我前妻都还是好友。

又过了一两年，我在北京创业失败，要去上海的盛大工作。她也要跟我一起去上海。老刘他们公司非常舍不得她，甚至给了她继续远程工作的权限。但是因为网络延迟的问题，工作起来非常不便，最后还是辞职了。

她没了工作以后，情绪很不好，也经常很无聊，我们经常吵架。我就跟她商量，与其现在找工作，不如趁机学习 iOS 开发，行业正在起步，机会非常多，容易拿到高薪，而且现在学可以跟很多资深的程序员站在同一起跑线上，非常合算。

她后来就听了我的话在家里学习，但是可能还是缺乏环境而且对 iOS 信心也不足，她学得非常慢。

后来有一次有一个朋友约我喝茶，我就拉她去。那个朋友就一个劲儿地跟我诉苦，iOS 程序员不好找，价格已经开到上万了，还没找到程序员。我们就一起聊了下这个项目，项目本身挺有意思，但是因为一直找不到合适的人，基本上停工待料，空转之中。我就暗暗捏了一下她的手。

然后，我说，我老婆做 iOS 做得还不错，不过最近一直在帮我做一个朋友的外包项目，走不开，要不然一个月以后项目结束后，让她来帮你吧。那个朋友非常高兴。我就继续问，如果她过来，你可以开多少。他说，你说个价格吧。我说一万二吧。那个朋友答应了。

回家，我问她，一个月一万二，工资翻一倍，你学习有动力了吧。

她说，太有了，我保证可以学会。

一个月以后，她去上班，兴高采烈的。不过下班回来，她说项目好复杂，不知道自己能不能搞定。我也有点儿担心。过了几天，她说，我们老板想请你吃饭，今天晚上下班你来接我，我们三个一起吃个饭吧。

我心说，难道是干得不好，要被开除了吗？

到了那里，寒暄了几句，我就怯怯地问，她做得如何？她老板非常高兴地说，太好了，之前拖了几个月完全没有进展的东西，现在全都动起来了，简直是我的救星。

后来又过了一年多，我们两个感情越来越差，渐行渐远，慢慢地感情不在，最后离婚了。

离婚后，她回到了北京，在朋友的介绍下，进了 360，月薪一万五。当时 360 她所在的部门，大多数人都来自微软，至少是 4~5 年年资的程序员。她是技术最差的，不过人缘不错，也很好学，很快就站稳了脚跟。

一年多以后，很多同事跳槽，都纷纷拉她去，最后她跟着一拨同事去了另外一家目前如日中天的公司，月薪一万九。

再后来，干了一年多后，她又跳槽到了另外一家 BAT 级的公司，年薪 40 万。

头些日子，入职以后，她转发了封邮件给我，是她发给 HR 的信，大概内容是说：

> 我发给你的简历上说我毕业自某某大学，但是实际上我最高的学历是初中而且都没毕业。我是北大青鸟培训以后自学这么多年的，不过我曾经服务于360和某某公司，这些公司的同事都知道我的学历很低，但是他们都可以证明我的工作能力。我之前给你们假的简历是怕初筛的时候就把我刷掉。现在既然已经过了全部笔试面试，我不想欺骗你们，如果你们觉得我的学历是不能接受的，就请收回offer（许可），如果你们觉得可以接受的话，我马上就可以办理入职手续。

最后，这家公司的HR回信让她尽快入职。

她在那个公司干了几个星期以后，已经是自己所在小组的骨干了。后来部门领导还找过她，认为她做得不错，希望她转行做这个组的team leader（团队领导），但是她觉得自己还应该在技术领域再学习一段时间，暂时拒绝了。

我还见过很多很多例子，所以，我看人从来不看起点，只看一个人是不是努力。

我很市侩地把她每一个阶段的工资都列出来，其实也是想说，这是一个从月薪800到年薪40万的缓慢历程，说起来很简单，但是里面其实有无数的艰辛。

我以前跟很多人讲过这个故事，有人说她运气很好，遇到了我。我也很自得在她的成长过程中，我帮助了她很多。但是，我认为我能起到的只是催化剂的作用。根本原因是因为她是一个对的人，遇到了我这样的人，可以加速成长，没有遇到我，也许成长得会慢一点儿，但是也会成长。

我写这本书，从来不想成为诸位的推动力，如果诸位学习成长还需要人推的话，sorry，我不认为你们是我的读者，或者说，我要的读者。我希望你们每一个人都是自己有动力的，自己希望成长，自己付出努力的人。在这个前提下，你有些困惑，你也有经验不足的地方，我可以尽全力去帮助你。

前方没有终点，一切都有其可能性。我相信这本书的大多数读者，起点都比我前妻高。她并不是有什么天赋异禀，只是执着地去追求自己的幸福和成长。虽然我们最终选择分开，但是我一直对她的信念心存敬仰。我相信，我的读者里大多数人的成就会远超我的前妻，也远超我。因为你们更年轻，更早有机会懂得很多我到了今天才参悟的道理。

技术总监 Sycx 的故事 一

其实我在各种演讲里，线下吹牛里面无数次提及过他，讲过他的故事，但是没有任何一次认认真真地详细讲过，所以，今天就讲讲他的故事吧。

入职

2010 年，我刚开始这一次创业的时候，投资刚刚拿到，办公室还没租，一切都在草创阶段，我收到了一封邮件。大意是，我叫 Sycx，我从福建来，是 Tiny4Cocoa 论坛的用户（我的论坛 OurCoders.com 的前身），想在上海找一份 iOS 的工作，想听听我的意见。

这样的邮件当时我一年怎么也要收到几百封，我也见过很多年轻人，于是我就答应他了，约在世纪大道附近的一个星巴克。

第一眼见 Sycx，我感觉他是一个很腼腆的年轻人，个子不高，穿一件宅 T。

我问他为什么要来上海找工作。

他说，他是福建的，本来想找家附近的工作。但是整个福建好像都没有啥 IT 公司，找到的唯一有 iOS 工作机会的公司，还是一家做盗版的，所以，就想找外地的。想了几个大城市，北京感觉太冷，广州上海觉得都可以，不过查了下发现上海的漫展比较多，于是想来上海。

我心想这孩子要不要这么中二啊？

我就问他为啥学 iOS 开发。

他说，他本来买了一个挺贵的 Nokia（诺基亚）手机想学塞班开发。然后，逛街的时候被小偷偷走了。

这时候，我已经快笑出声了，心想这什么笨孩子啊。我问，然后呢。

他说，之前买了一个 iPod touch 听歌用的，于是他就想干脆学 iOS 开发吧，把家里的电脑装成黑苹果，就开始自己学。

那你学了多久？

学了半年的样子。

我其实对用黑苹果学 iOS 开发的人有点儿成见，因为我在网上见得太多了，很多人费尽心力想省钱，安装一个黑苹果来学 iOS 开发，学来学去，学成了黑苹果专家，但是 iOS 开发呢？根本没有动手。

然后，我问他什么学历。

他说，他毕业于 ×× 职业技术学院，学的是网络游戏建模。

我问他为什么学这个专业，他说他的专业有两个专业方向，另外一个方向是网络游戏编程，但是老师说，其实学校没有老师可以教这个方向，所以，才学的建模。

我心说，这上的是什么垃圾学校啊。

然后，我问，大学毕业了你在做啥？

我留校当了半年的机房管理员。

我汗，然后呢？

然后，我去电脑城做技术员做了 7 天被解雇了。

汗，为啥？

本来是我同学介绍另外一个同学去，然后被他放了鸽子，就问我去不去。我想闲着也是闲着，就去了。

然后呢。

然后待了 7 天，老板说，你怎么连跟客户说话都不会，一台电脑也没卖出去。我才知道，原来是需要我卖电脑的。我还以为我是负责修电脑的。

然后他无辜一笑。

我快昏倒了，这是什么白痴孩子啊。然后呢？

然后，我在家里窝了半年，觉得要出去找工作，买了一个 Nokia

想学塞班开发，还丢了。

嗯，我基本上明白了这个孩子的故事了。

简单点儿说，这就是一个烂大专毕业的孩子，找了两个不怎么正经的工作，都没做好，运气和脑子还不好，生活做事情都吊儿郎当，自学塞班开发都能以丢手机告终。我估计这孩子 iOS 开发也学得不怎么样。

我开始在考虑该怎么安慰这个孩子，再劝勉一下，如果不努力一辈子就这样庸庸碌碌下去了。

然后，我问他，他自学了半年的 iOS，有没有做过自己的 App。

这时候他拿出他的 iPod touch 给我看一个听歌软件，界面居然很清爽。现在想想倒也没有什么特别出奇的部分，但是，清爽、干净、逻辑清晰，一点儿基础加自学半年可以到这个水平，确实有点儿惊到我。

但是，一个听歌软件在互联网时代没有自动下载歌词总是有点儿遗憾，我就问他为什么没有做。

他说，这是发布到 App Store 的版本，他最早做的版本是可以自动下载歌词的。但是提交到 App Store 的时候被拒绝，因为提供歌词会侵犯歌词作者的版权。所以，最后做了一个“阉割版”上了 App Store。

这时候，我突然开始有点儿小激动。就问他，你英语好吗？怎么提交到 App Store 上去的呢?

如果你不是做这个专业的，你可能理解不了。那时候 iOS 开发刚刚兴起，大多数人能学会开发已经不错了，很多人学会了怎么做 iOS 开发以后，就是学不会怎么提交 App Sotre。原因很简单，提交一个 App，需要在苹果的纯英文网站上，做很多步的操作，还要填写英文的说明等等。像他这样提交以后被拒绝一次，又重新上传成功，则更复杂，往往需要用英文跟 App Store 的审核员对话。

他说，我英语不好，学 iOS 开发的时候文档看不懂就查字典，现在文档看得都差不多了，不需要查字典也可以看了。提交的时候，看到英文单词不会也是一个一个查字典搞定的。

到了这个时候，我已经基本上确定这个孩子我要定了。

从他的学历、他之前的经历来看，我相信大多数靠谱的公司不会要这么一个听起来这么不靠谱的孩子。但是，从他自学 iOS 半年的成果来看，我觉得他是一个很有潜力的孩子。

我认为可以自我学习、自我成长的人都是前途不可限量的。

于是，我就跟他说，我觉得按照你的简历和你刚才描述的你的从业经历来看，在上海你可能很难找到不错的工作。我的公司刚刚开始创业，急需用人，我从你的自学经历来看，觉得你是一个可造之才。如果你愿意来我的公司工作，我可以给你开税

后 ××，虽然不多，但是应该是一个不错的开始。如果你能一直努力，我相信你可以有一个很好的前途。

他摆出一副“好在你要了我，否则我也不知道该怎么去忽悠别人”的表情，爽快地答应了。

于是，我的公司就有了第一个员工，Sycx 老师。

成长

公司开张后，我开始给他安排工作，公司当时就我们两个 iOS 程序员。一开始，主力是我，我让他做一些辅助性的工作。做着做着，我发现他做得又快又好，我就开始给他分配更多的工作。然后，我发现他仍旧可以又快又好地做好的时候，我就开始慢慢调整，让他做项目的主力，我来做辅助性的工作。

又过了一段时间，我发现我连辅助性的工作都不需要做了，他完全变成了公司的主力，我把更多的时间和精力花在了服务器端的工作上。

我觉得他超越了我把他招进来时候的预期。其实我一直觉得自己是一个自学能力很强的人，我也有一些朋友是这样的人。但是，我不知道我自己开公司的时候能不能招到这样的人。发现他是这样的人以后，我就觉得我终于找到了我可以去管理的员工了。

我开始给他一些压力，一些他当下可能不能很好解决的问题，一点一点地加压，他一次次都在没有求助我的前提下把问题解决了。

LBS 地图

有一段时间，我很看好 LBS，很想做一个 LBS 的社交应用。我想把一个人的全部通讯录里面的地址信息，用 Google map（谷歌地图）反查出经纬度，然后都显示在地图上。这个不是很靠谱的需求最早来自我的一个朋友的创意。我确实也有类似的想法，于是就让他去做。

他做了一天后，就给我做好一个 Demo（演示）版本，基本上跟我预期的很像，但是，我的通讯录里面在上海的人很多，大家在地图上的图标都重合在一起，想点任何一个具体的人都点不到。

我说，你去找一个地图点聚合的算法，把这些具体特别近的人，聚合在一起显示成一个数字吧。

半天后，他给了我一个新的 Demo，很漂亮，显示效果很好，在他的手机上也很流畅，但是在我的手机上卡得不行。因为我的通讯录里面大概有五六百人。我就跟他说，你要把这个算法优化下，我要的是同屏显示 5000 个人都不卡。你要理解，屏幕不显示的部分都不应该参与计算，等等。

过了一个晚上以后，他给了我一个新版本，做到了我的要求，同屏显示 5000 个人都不卡。

然后，这件事情，我就忘掉了。直到半年后，有一个技术会议，我是出品人，在寻找演讲者，实在凑不够数了，我也希望他锻炼锻炼表达能力。我就问他，我们最近做的项目，有没有技术上比较复杂、比较有意思可以讲讲的。

他摸了摸头说，都没啥可讲的。这孩子啥都好，就是表达能力很差，也没有同理心，在他看来我们做的项目都不是很难。实际上，这个地图同屏 5000 个点的聚合算法还是挺有技术含量的。但是他说不出来个所以然，于是我只好在黑板上列了个题目，然后一步一步地问他，之前的速度和后来的速度差了 1000 倍，是怎么一步一步优化的。他找来了代码，在我的追问下，一点点回忆。

原来包含了数字计算的精度降低，屏外剪枝，从排序选择最佳代表点改为随机选取代表点，动画提交合并，等等，大概七八项大的优化，这一切都是他一个晚上边分析边搞定的。

LBS 口袋妖怪

有一段时间，我曾经想尝试做游戏，当然后来发现由于团队基因的问题，我们可以写一个游戏出来，但是美术、策划、运营方面的事情我们搞不定，所以就放弃了。

我当时设计的游戏是在手机上玩基于地理位置的口袋妖怪。因为我们缺乏设计方面的人才，我让他去把口袋妖怪的图片资源和数值扒过来，在开发阶段直接用，等到我们有了自己的设计、策划力量以后再替换过来。

他研究了半天告诉我，网上有口袋妖怪的 wiki 站点，里面几乎包括了我们需要的全部数据，我说那太好了，直接用吧。

大概一个星期不到，在 iPhone 上的口袋妖怪战斗场面，他就实现出来了。

这个项目最终还是放弃了。不过我还经常在饭局里面把我们做的半成品给朋友看。有一次，我和 Sycx 还有我的好朋友莫老师吃饭，莫老师问起我们在做什么。我想让 Sycx 同学锻炼下，让他来介绍，他又开始扭扭捏捏半天，啥也没说出来。

我就开始讲，我们做了一个游戏，准备用口袋妖怪的数据，幸亏网上有个口袋妖怪 wiki，有全部口袋妖怪的数据的数据库，我们把这个数据库……

这时候，他打断了我，说没有数据库。

我说，没有数据库，你怎么导入的?

他说，只有一个 wiki，我自己写了一个爬虫，把 wiki 的页面全部爬了下来，然后生成了一个数据库。

莫老师说不错啊，做 iOS 的小伙子还会做爬虫。

他说，为了这个项目现学的，很好玩。

我在旁边倒了一杯冰啤酒，抿了一口，心说，我手下的人靠谱吧，连我都不知道他还做了这么多额外的事情，悄无声息的。

排版项目

公司后期其实有点儿混乱，因为我一开始瞄准要做的 App 推荐网站，我们没有做好。而我们做的其他 App 大多数也都不卖座，偶尔有几个反响还不错的，下载量购买量都微不足道。有一段时间，我很沉沦，不知道该怎么突破。

后来，我在想不管公司如何，我们做点儿纯技术的东西，说不定可以拯救公司。那时候，我很看好苹果做的 iBooks author，用它可以轻松做出来在 iPad 上可以使用的图文并茂、有多媒体的交互电子书。但是，这个软件生成的问题是和苹果的 iBooks store 绑在一起的，但是因为政策和法律的原因，苹果的 iBooks store 根本没有进入中国。

于是我想了一个办法，我们能不能自己做一个兼容 iBooks author 格式的阅读器，这样苹果的 iBooks author 就等于成了我们的编辑器。

我花了一天的时间去分析 iBooks author 的文件格式，弄明白了以后，我把 Sycx 找来，跟他说了我的想法。

嗯，他也不是万能的。他觉得我犯病了，他说，这东西苹果不知道用了多少工程师做，咱们肯定做不出来，你最近是不是没吃药啊？

我当时没有理他，第二天我去深圳做关于盗版的演讲，在深圳的日子里，我不停地在写代码，回到上海我也在写。三天后，我给他看了我做的一个 Demo，把一个 iBooks author 做的文件解析出来，把一个章节的标题和正文都显示出来，当然版式格式都是错的。但是怎么获得版式、格式的信息我都获取到了。

给他看了 Demo，他受到了某种震撼，然后我给他讲了一遍格式和我的思路。我问他懂了吗，他说懂了。我说，你需要多久看代码？他说半天吧。

第二天，我问他看懂与否，他说看懂了。我说这个项目你来领导吧，需要我做哪个模块，你来安排。他说，算了，你代码太烂了，我自己来写吧。

从那以后，我们公司的主力代码里面，我就几乎没有参与过了。他确实对得起这句狂话，后来没让我麻烦过。

这个项目，我们做得很酷，包括他在内，还有三个程序员一起在做，他领导。我制订的计划是完全敏捷和迭代的。项目伊始，这个 App 就可以执行，一个迭代周期一个迭代周期地增加新的功能。项目开始一个月后，我就用它挣了 10 多万。而这个项目真正做完第一期是一年后，可见我们的迭代做得多好。

他做了这个项目的主力和负责人后，彻底解放了我，我在一年多的时间里，就是用这个半成品去挣钱，去融资，去跟全上海的出版社推销我们的产品。

裁员

然而，虽然我很卖力气地去谈投资，找客户，公司最终还是遭遇了很大的危机，钱花得差不多了。投资没有找到，手头的几个客户也不足以支撑公司继续运营。我可以选择再强撑两个月关门，不过我的投资人建议我裁员到最小规模强撑一下。于是我仔细算了算成本，选择了一个最小的团队，就是我加上 Sycx 老师和我们的行政，当时剩下的钱还可以继续撑不到一年的样子。

于是公司就在我们三个人的情况下，继续支撑下去，继续做产品，直到几个月后，找到一个新的客户，找到了新的收入来源，才免于倒闭。到现在我们又开始慢速扩展，又招了些人回来。

iOS 转 Android（安卓）项目

去年的时候，客户需要我们提供一个 Android 版本。怎么做呢？我们现有产品非常复杂，重新写一个 Android 版本出来可能耗时太长。而且，我们的产品非常复杂，仍旧在不断地迭代和改进之中，真的写了一个 Android 版以后，我们就需要同时维护两个不断迭代和改进的代码了，我觉得项目管理难度非常大。

于是我大概自己想了一两个星期，有一天我就跟他商量。我说，重新做一个 Android 版本不难，以我们团队的学习能力，几天就可以学会 Android 开发，开发一个 Android 版本。因为我们之前的经验积累，也不会太慢，也许 3~4 个月就可以搞定。但是，问题是我们要同时维护两个不断迭代和改进的代码，我觉得太难了。

他觉得也是。

我说，所以我想到的方案是我们把苹果的开发环境，Xcode、LLVM、CocoTouch 全部都移植到 Android 上去。这样的话，我们实际上在业务逻辑上还是一份代码。虽然也是两个项目，但是这两个项目完全垂直，互相不干扰，管理起来就简单多了。

目前客户只需要 Android 版本，可是如果有了这么一套把苹果开发环境移植到 Android 的经验，假设客户未来需要 WP 平台，我们也可以迅速搭建出来一套系统。

他表示认同。

我说我们现在最重要的就是弄清楚大概的逻辑和时间计划，我初步估计你可以在三个月内，完成底层的移植，这些部分很困难，但是工作量不会很大，大量的事情是反复地调试和解决部署问题。但是这个部分是 Block（障碍）型的任务，这部分完成不了，后面的部分根本谈不上怎么解决。

如果这个阶段搞定了，后面有大量的库需要我们自己去实现，但是是在 Objective-C 的基础上去实现，技术上难度并不高，我们可以很轻松地搞定。

他也表示认同。

然后，我大概介绍了下我的前期调研，有哪些开源库跟我们要做的事情比较接近。给了他三天的时间，让他去调查分析，了解下我们需要做的这么一个大工程里面，哪些东西是已经有开源库可以实现的，哪些东西是我们自己必须实现的。

三天后，他给我讲解了最流行的三个类似的开源库。我们仔细讨论了下，然后项目就正式开始了。

他开始了三个月的、移植一个没有 UI 的 iOS 程序到 Android 的历程。

在此之前，他没有玩过 Android 开发，对 Linux 底层开发也不是很了解，甚至不了解 Makefile 这些东西。但是这三个月过后，他已经是跨平台编译专家了，对 LLVM、GDB 等等都烂熟于胸。大概就在三个月整的时候，我们内部做了一个演示，他已经可以做到在 Xcode 下打开一个完全没有 UI 的 iOS 代码，用 Xcode 把它编译到 Android 上去，并且用 Android 内建的 GDB 看到这个程序的输出信息。

然后我们就开始移植 Cocoa touch 库，大概就在整一年的时候，我们基本完成了设计目标。

结论

Sycx 进入我的公司的时候，我就知道他可以成长为一个非常优秀的程序员。但是几年下来，他达到的高度还是让我很惊讶。

我很喜欢这个孩子，因为我从他身上可以看到我年轻时候的影子。唯一的区别是，我年轻的时候，没有遇到像我自己这么厉害的领导。我愿意全力去指导和教育他的样子，也是从我自身的经历出发，我知道一个有想法肯努力的年轻人，在合适的教导下，可以释放出什么样的能力。

Sycx 和我的前妻还有我自己，都是我写这本书的主要原因，我前妻初中没毕业，我的技术总监来自一个烂大学，我自己做的第一份工作的主要内容，是在办公室里，趴在地上帮同事把踢掉的网线接上。

我们三个人的共同点都是我们做自己喜欢的事情、有激情的事情的时候，不需要别人监督，不需要别人指导，乐于自我学习，自我成长。我们虽然不是传统成功学意义上的成功，但是都做出了一些自己和外人不敢想象的伟业。这就是我认为的成功。

我觉得大多数人的条件跟我们其实差异不大，都有机会获得自己的成功，问题是能不能走上一条自我学习和成长的路。

在互联网大潮之下潜行的成功创业者

前两天，我的好朋友老陆打电话说他们做了个 App，想让我看看给点儿意见。于是，我就去了趟他在漕宝路的办公室，一起喝茶聊天。

老陆大名叫陆平一，我们是在上海的一个创业者线下聚会认识的。老陆是八〇后，比我还小两岁，不过 2005 年就开始创业，现在公司做得很大，这几年我没少跟他请教公司运营方面的事情。说起来认识那么多年，我还不知道他的业务到底是啥。这是因为他的网站叫 Pop 时尚网络机构，而我对时尚流行一窍不通，我一身全都是迪卡侬，穿得上是我对衣服最重要的要求，款式颜色一切我都不在乎。

而这次既然要帮老陆看看他的 App，我正好趁机跟他好好聊了聊。这几年随着年龄的增长，我越来越喜欢关注不同的行业，不像以前觉得万般皆下品，唯有技术高，因为每个行业都有很多很多好玩的东西。

老陆可以叫作“富二代”，不过更准确地说是“创二代”。

20世纪八九十年代，上海青浦区练塘羊毛衫产业盛极一时，而老陆的父母就是其中的先行者和领头羊。一般人家中午吃饭的时候聊的都是鸡毛蒜皮，家长里短，而在他家，父母问完他的功课以后，往往就把他甩开大聊起自己家工厂的业务了。他母亲负责账目和协调生产，父亲负责销售和外联，每次都是聊业务聊得不亦乐乎。后来，他也不甘寂寞，干脆一起聊起来了，小小年纪就开始给父母的工厂出谋划策，对着父母指点江山。

所以他从小就很擅长数学，对经济、财务、工商管理更有兴趣。不过，高考时他发挥不好，没考上心仪的学校，学了计算数学专业。大学毕业后，本来想出国留学读商科，但是“9·11”等一系列事件把出国留学的难度拉得太高。他只好先就业，阴差阳错做了程序员，在某家对日外包的公司写程序。

我曾经问过老陆，他父母为什么没有让他接手家族的生意。他说，从小父母对他管得就不多，在大原则不违背的前提下，自由度很高。他毕业以后，父母既没有着急让他找工作，也没有要求他加入家族企业。

不过，父母倒是听说了互联网的魔力，经常让他帮忙找找新颖的羊毛衫款式。他一开始也没放在心上，后来被催得多了，认认真真地找了下，发现互联网虽大，但是找这样的信息，也并不是很容易。他费尽力气找到了几款不错的样式，父母采纳后用在家里的工厂，没想到其中一款竟然真的爆款了，当年就卖了40万件。父母自然是非常得意，很快亲戚朋友、整个练塘很多羊毛衫工厂的老板们都知道了，老陆家的小子，玩互联网玩得好，帮父母赚了一笔大钱。

他本来的爱好也不是做程序员，这次偶然的经历让他深思，如果我这样的年轻人找这样的信息都这么困难，那些服装厂的老板们，又怎么能找到好的款式呢？要不然我来做一个这样的网站吧？埋头搞了一个多月以后，他的时尚潮流网站上线了，没几天就有人付钱加入会员。一年后，他算了算收入已经比自己上班高了，要不要辞职全职创业呢？貌似不是个问题，于是新的征程就这样开始了。

跟老陆复盘到此，我已经按捺不住疑问，先拦住他的讲述，问道，你说你能那么早就毅然决然地创业，跟你家的家境是不是也有关系呢？

他说，当然也有。其实那时候也有点儿心慌，不过想了想跟父母商量，万一真做砸了，就当多要父母一年钱，上了个研究生。父母很认同他的观点。

我估计听到这里有人已经准备甩键盘了，父母怎么这么好说话。

几个月前，我和一个朋友在杨浦吃饭，他在做一个技术含量很高的云产品。我们聊了一中午的创业和技术话题。临走，他说，他爸爸前两天跟他说，儿子啊，你也这么大年纪了，别瞎混了，找个正经工作吧。我当时热泪盈眶，其实我爸也跟我说过类似的话，说我知道你现在挣钱也不少，不过创业风险那么大，要不然回天津随便找个啥工作吧，咱们也不是很缺钱。

其实这不是钱的问题啊，创二代家庭的孩子，可能更容易创业吧，至少父母支持啊。我父母这种工薪阶层，骨子里面还是觉得上班打工才是正途。

然后，我问老陆，后面就是大路货的网站大赚特赚，登上人生高峰，迎娶白富美吗？

老陆说，哪里那么容易。一开始周边很多厂子都买了服务，但是这个行业太传统，很多老板的思想太僵化，市场发展起来并不容易。在很长一段时间里，他的公司都是微利维持，扛了七八年，才慢慢地改变了市场。现在可以说，走在街上到处都可以看到年轻人穿着他客户的品牌的衣服，他的网站彻底改变了行业。

我又很好奇地问，2008 年次贷危机搞得国内制造业出口锐减，很多工厂倒闭，是不是你的生意也很不好呢？

他说，其实恰好相反。以前国内的服装其实也是出口为主，实际上就是代工厂，加工为主，款式、面料等等都是按照客户的要求做就可以了。但是次贷危机造成出口锐减，大家都转向内需，国内市场竞争加剧以后，工厂都开始重视设计，重视款式了。所以，行业越升级，他的生意越好做。

这倒是很出乎我的意料。最后，我们终于把问题回到正题，他的公司正在做的 App。我在基本的用户体验上提了一些意见以后，不得不承认我还是没弄懂这东西是做啥的。

他说，你看以前工厂设计师的设计流程是阅读时尚杂志，看时装发布会，看我们的素材库，寻找创意，然后做设计。初步设计出来以后，给出对面料的一些基本要求，让采购人员去寻找相关的面料，然后做样品，再大规模生产。设计人员的经验，以及采购人员对设计人员思路的理解，都大大限制了面料的采用。我们做的 App，就是想把好的面料和用这些面料设计出的样品绑定在一起。设计人员看到了某个设计，如果得到了灵感，可以直接看到原设计使用的面料，以及相关的面料。这样，面料的选择就变得更方便、更准确了。

我说，这就是说，你们希望从提供样式、灵感的阶段更进一步，提供面料信息，让产业的信息流动更加的顺畅，对吗？

他说，是的。

最后，我想到了一个问题，我说，虽然老陆你做的也是互联网产品，但是我总觉得你是潜行在互联网大潮之下的。你看，你的生意这么大，但是，主流的科技和互联网媒体好像根本触及不到你们这些企业。大家关注的貌似都是一些纯粹的互联网项目，或者是直接服务于用户的互联网项目。像你们这样服务于产业，潜移默化改变了每个人生活的项目，反而很少受到关注。

老陆说，其实这两年还好，我也被很多媒体报道过。也许这样的项目在你们技术界或者传媒圈看起来没那么 sexy（吸引人）吧。不过，创业之初也帮我躲过了很多觊觎的目光，给我慢慢成长的机会，让我可以把更多的时间和精力放在产品的层面上。当然也有坏的影响，我们这样的公司不是很容易吸引技术人才，像你们这样的纯技术人才，根本看不懂我们的商业模式。

其实，行业确实也在飞快地变化，最近几个月，我被很多高中、大学同学找去问该怎么做互联网。他们都在自己的领域里面做得很好，但是，如今每个行业都已经视互联网为最重要的新机会和未来的增长点，每个人都在想如何跟互联网产生关联。而我们这些技术从业者，需要想的可能更多的也是如何去服务于各种不同的业务模型，各种不同的行业。

我信仰互联网，因为这些年，我不断地感觉到互联网在不停地改变我们的生活，改变我们对世界的理解，这种改变不仅仅来自你经常使用的微信、微博，也来自像老陆一样的服务于产业的互联网应用。

一 那些人和那些平台，我所记得的冯大辉的故事

大概是2002到2003年，我去北京参加一个同学赴京的欢迎晚宴，认识了几个一生的好友，以及在北京七年对我帮助最大的，也是塑形帮助最大的人。在那晚，我知道了blog（博客），然后我开始写blog。

在当时的blog圈子里面，技术blog里最早对我影响最大的三个是竹笋炒肉、车东的blog，还有冯大辉的DBA notes。后来出现的blog越来越多，竹笋炒肉因为某些原因不再继续更新了，我也认识了更多的人，看了更多的文章，不过车东和大辉的文章仍旧是看得最多的。

从看DBA notes的文章到真正见到冯大辉估计是四五年后吧，见

面时大家其实已经在网上常有联系。第一次见到大辉，我还是很惊异，身材不高大，说话也不犀利，很平和很 nice（友好），和网上的印象并不一致。

时间大概是大辉刚刚从雅虎到了支付宝的时候，一时成了支付宝在技术圈的代言人。而我们后来知道的不少牛人也是由交友广泛的他引入支付宝的。

我和霍炬也一直喜欢写文章，也都偶有一两篇广泛传颂的文章，那时候喝酒撸串的时候，经常纵论天下英雄，谁的 blog 写得最好。霍炬经常说某某某，我则经常说冯大辉。大多数人写 blog，都没有章法，好的时候天纵英才，恣意奔放，但是不能持续更新，也不能保持质量稳定。而从我的观察来看，冯大辉做事情是有章法的。他可以保持非常高的更新频率、聚焦，以及内容的质量，这样做事情效果非常惊人。

我一向觉得做事情有方式方法，比小聪明和幻想自己有天赋更重要，只是我自己经常做不到而已。但我天生做事情喜欢追求一时之快，喜欢追求文章喷薄而出的感觉，但是持续稳定的产出，保持质量不波动，聚焦在某一个方向，而不是什么都去玩、都去看，在这个层面，冯大辉正是我的反面，也是我一直很激赏他做事方法和成效的原因。

后来，我和霍炬创业，后来来了上海，我又创业，大辉也离开了支付宝，去了丁香园。我去杭州的时候，跟他又见过几次，吃过传说中他来了朋友必请的杭州海底捞，去过丁香园的办公室，也听他谈起阿里的一些问题，包括在 VIE 问题上的诚信问题等等。我在阿里系还是有一些朋友的，不过对阿里了解并不多，所以也不是尽然明白。

blog 由兴至衰的过程，我们这些人基本上都全程参与了，微博崛起的全过程，我们这些人也都全程参与了。上次霍炬回国，我应该跟他说过，在微博的时代，冯大辉的粉丝量是技术圈里面最大的，微信公众号也是，这说明他做事情越来越成熟，在微信公众号领域发布的小道消息甚至成了一面旗帜，是其他很多公众号一个主要的流量来源。

我们这类人

我、罗永浩、冯大辉，以及类似的人，都会在网上收到某种类型的风言风语，比如你怎么这么闲，你怎么这么爱现，你怎么这么话痨，等等。实际上，我觉得我们都不完全是为了自己的声名去折腾。我写 blog 的时代就领会过一举成名的感觉，当我在金远见（文曲星）最苦闷的一段时间里，我在 blog 上是一个光芒万丈的盖世英豪。但是又能怎么样呢？虚名退去以后，我最在乎的还是，身上有没有钱，心里有没有人，手里面有没有事业，睡觉的时候睡不睡得安稳。

然而，这些人为啥还在苦心经营自己的blog、微博、微信，费尽心机地去写好内容，免费提供给别人呢？首先是因为喜欢分享。因为内心真诚，藏不住一些话，知道了些东西就想share（分享）给别人，有公心。昨天，一个朋友的微博很让我感慨，内容是：

想起了过去的一个小事。当时在西西河论坛，好像iPhone还没有，几个人发帖说手机行业的事，我也是新人。后来有个人发了个帖子，内容忘了，我们感觉很有帮助，就又是赞又是评论。结果一个牛×烘烘的人出现了，说了很多难听的话，有人上去说他，结果他就说类似自打有手机那天，他就在做这个行业，赚了多少钱，有多少分公司之类。于是不少人沉默了。我就上去回了个帖，大意是你这么牛×和我有啥关系啊，到现在也没看你说出什么对我们有帮助的信息，作者这篇文章虽然水平不高，但对我有很大帮助。而且就你这个德行，真给我钱我还嫌你脏呢。于是牛×人出现的就少了，自己一边牛×去了。

我们很多时候是在分享，但是不知道怎么就惹到了那些喜欢show off（炫耀），而又见不得别人show off的人脆弱的心灵。他们只会 show off，不会分享，所以老觉得别人抱得大名，老觉得别人还不如自己怎么就那么多粉丝呢。其实爱分享的人，不见得是这世界上最厉害的人，但是总比那些只喜欢 show off、不喜欢分享的人朋友更多，对世界帮助更大。

有理想的人需要坚忍

我两次创业之时，都是月光族的身份，没钱没车没房。罗永浩虽然在新东方赚了些钱，但是离做一个手机厂商需要的钱和资源肯定差得很远。大辉去丁香园前，也想过要创业。这些人都是有理想的人，跟咸鱼不同，自然也不会让咸鱼们喜欢。

有时候你写完一篇文章，有几十个人赞赏，来了一个人说，你怎么那么多话，就显得你能耐吗？我就想跟他说，你懂个屁。我不想做一辈子咸鱼，我构建我的个人品牌是希望积蓄力量，帮助我未来做事情。但是，子非咸鱼，安知怎么说咸鱼才能不骂你？

我也经常会很累，会觉得说其实我早就出过名了，也占过出名的便宜。但是这么多年，还不是靠本事吃饭？名声只是润滑剂，真正客户服务器垮了，我跟服务器说我有名有毛用，还不是半夜爬起来，登上去，定位问题，解决问题？

但是我不想只做目前做的事情，我不知道我未来有多高，只是我跟你说得着吗？

把自己的个人品牌转换成丁香园的影响力方面，冯大辉做得堪称完美，那些只叫嚣着冯大辉这不懂那不懂的人，到底长没长眼睛呢？

帮人的人和被中伤的人

因为名声的问题，找冯大辉帮忙的人不少，但是背后嘲笑他的人也不少。我感同身受，我遇到的这种事情其实也不少。这世界远不完美，但是有些人下作得让人恶心。

我经过去年一年的压力和成长，心态平和不少，看淡了不少东西，也看重了不少东西。我只想劝大辉一句，我的粉丝是你的 1/10，我已经遭到无数的中伤了，你有多少，我大概能猜到。千万不要搭理，这世界的垃圾是消灭不完的，千万不要影响心情。

这世界需要我们一点点努力，需要我们不疾不徐，需要我们保持步调。

最后，我只说一句话，从我的经验来看，平台都是短命的，不管当时多么辉煌，只有那些真正做事情的人，这么多年后，原来还是你。

一 机会有时候不是给那些最精明的人的

我认识很多很多牛人，所以其实我是很谦卑的，我知道自己是自己的朋友里面混得很一般的一个。比如看电影《前任 2：备胎反击战》，我就发现了一个老朋友的名字赫然在字幕的制片人栏里，感动莫名。我的朋友出书的也很多，比如池建强老师，比如我原来创业公司的同事余晟老师，等等。

在这些朋友里面，其中一个最有钱的可能是我的学长。他目前在腾讯做高管，10 多年前，我在四川南充上学的时候，我是机械 97 级的，他是化工 95 级的。

当时我们机械系和化工系在一个宿舍楼，学生带电脑的多了，学校就网开一面在宿舍一楼开辟了一个电脑室，我们可以把自己的电脑放在里面一起玩。那时候，整个楼就我们 10 多个人喜欢玩电脑，所以都很熟悉。

有一天他神秘兮兮地跟我们说，你们想上网吗？那时候，互联网对我们大多数人来说，还是神秘莫测的东西，一年后全国各地才开始出现各种网吧。原来他承接了化工系网站的设计工作，所以得到了系里面提供的上网账号和一只猫。

那夜，我们七八个人挤在一台电脑前，一起学会了什么叫作ICQ，什么叫作QICQ（后来才改名叫QQ），申请了163、263邮箱，更重要的是，那一天我知道了什么叫作Google。

两年后，他毕业了，慢慢联系就少了，只有偶尔在QQ上聊聊。后来，听他说，他去了腾讯。再后来，就联系更少了。

几年前，他说出差去北京，当时我在北京，我们约了一起见面，一起看了苹果iPad的发布会。

那夜，我突然想起来问他一句，他为啥去了腾讯？当时不是分配到了四川石油管理局的一个厂子里面吗？

他说，那时候，他很喜欢QQ，所以，经常在腾讯的论坛泡，帮助人答疑，解决连不上网的问题，等等。

后来，那年的大年三十，他还在腾讯的论坛泡，腾讯自己的客服都放假了，就他和马化腾两个人还在答疑。于是马化腾就注意到他了，问他要不要来腾讯上班。

于是他就成了腾讯前60名员工之一（具体工号我就不说了），

从客户服务做起，从社区管理员做起，一步一步，后来做到高管。

其实他去腾讯的时候，腾讯还在风雨飘摇，据说马化腾无数次想 100 万卖掉腾讯，跟现在的腾讯一校招学生都抢破头的局面并不一样。据他说当时的工资水平跟他当时在四川石油管理局的工厂也没差多少，父母家人也都不理解，一个好好的国企员工不干了，去什么深圳打工做啥。

后来，腾讯上市了，他的具体身家我并不知道。据说，他在腾讯一上市就卖掉了一小部分股票买了辆宝马 X5，被同事们笑谈至今，因为那些股票没有多久就翻了无数倍。

有一次，我和我当时的合伙人霍炬复盘这个我身边的故事，我们的结论是，那时候，没有人知道腾讯会一飞冲天，甚至能达到今日的江湖地位。真精明的人不会做这样的选择，所以也不会有这样的境遇。

所以，我时常想，我们也许应该不要那么精明，多关注关注自己真正关注的东西吧，运气反而也许会好。其实我这两年也是如此，不再想浮华的东西，不再想一飞冲天，一点一点地理顺公司的事情，改变自己的心态，一点一点写文章，一篇一篇写。看起来越来越傻，越来越不精明，却越过越顺当，好运时刻围绕。

每个人都是 broken 的

我很喜欢的一个乐队 Linkin Park（林肯公园），有一首我很喜欢的歌《催化剂》（*The Catalyst*），其中一句是这么唱的："God bless us every one, We're broken people living under loaded gun."大致可以译成："上帝保佑我们每一个人，我们是破碎的人，活在装满弹药的枪口之下。"

西方在基督教信仰的影响下，认为每个人生来都是有原罪的。相对于上帝来说，每个人都是不完美的。任何觉得自己全能全知的人，都是在 play god（扮演上帝）。由这样的思想出发，他们衍生出了很多价值观上的思考。

比如，美剧里面有大量罗宾汉式的绿林英雄角色，当然，在现代戏剧的包装下，这类英雄形象已经很难让人想起罗宾汉了，实际上，义警、漫画式超级英雄、不循规蹈矩的警察等等，都是接近罗宾汉式的人物。罗宾汉式的故事是在讲述当政府下辖的执法力量因为无能、腐败不能维系社会公平正义，甚至本身就沦落为社会公平正义敌人的前提下，有正义感的人应该如何行事的主题。

然而这类戏剧一方面在歌颂这样的人物的同时，另一方面不停触碰的主题的就是，这样的英雄人物会不会因为能力和权力而膨胀，从而走向正义的反面，或者因为自大和傲慢，错误地伤害了无辜。最终，这样的话题都走回到一个原始的母题，那就是凡人皆不完美，不要 play god。如果你刚刚看完了《复仇者联盟 2》，你就会发现在剧中斯塔克犯了一个 play god 式的错误。

中国哲学里面跟这比较类似的是性恶论，但是性恶论只是从本性的本源出发，比较接近原罪说，但是没有太多探讨人的不完美性，权力腐蚀令人膨胀的理论。这跟我们长期的一种皇权体系有关系，在皇权体系下，皇帝就是完人，是必须歌颂的完人。我们的哲学体系里，大众思想里，缺乏人皆不完美的价值观，反之我们有圣人价值观，圣人价值观里面的积极一面是，人人皆可尧舜，消极一面是，无法认识到即使是尧舜也可能是有问题的。

从人皆不完美出发，就很容易得出结论，不能相信个体的人，不管他是超人，还是斯塔克，不管他是美国总统，还是硅谷的创业英雄。从而可以得出结论，在人以外，需要监督，需要机制。

我们今天不过多地谈这一哲学思想对政治的影响。反之，按照本书的基调，我们谈对个人的影响。

相信人皆不完美，对我们个人修养的价值在于：

1. 对他人宽容

当你知道人皆不完美以后，就应该去理解“没有一个人是完美的，我们不应该以完美去要求人”，应该对他人抱有足够的宽容，要从发展的角度看他人，人皆不完美，如果一个人可以持续改进他的错误，他仍旧不完美，但是他在不断趋进，这已经非常难得了。

2. 对己宽容

很多时候，我们对自己更加的苛刻。慢慢地形成一种错误的对自己的预期，对自己预期越高，越难以实现，越容易产生自暴自弃的情绪。结果是，看起来要求很高，但是结果是放弃了对自己的追求。

明白人皆不完美以后，可以从发展的角度来看自己。首先，我们需要承认，在当下我们并不是全知全能的，我们有问题，我们有困惑。然后，我们可以根据自己的具体处境，去设计合理的目标、步骤和方法。

过于求全，容易急躁。先承认现状，然后慢慢改进，才能平静地追求持续稳定的改进。

3．追求内心平静

你从来不孤独，你遭遇的一切困难，都有人曾经遭遇过，大家都不完美。一方面，可以让我们明白，世人皆有压力、皆有痛苦，不是我们独有。另一方面，让我们明白，一切可以脱颖而出的人，都需要付出自己的努力，没有白来的好处。

你是在那里怨天忧天，慨叹自己的不完美呢，还是向前行一步，从改变自己开始，追求一点点地逼近完美呢？

还是那句话，选择总在你自己。

我们留给这个世界的是什么

乔布斯（Jobs）现在已经是显学，这就是为什么很多人说我是苹果忠粉，而我却很少提起他。其实我不是什么忠粉，我不知道他的星座血型，记不得他的生日，不知道他的忌日，每次微博上有一堆人用他的照片和语录做内容消费他的时候，我才知道又到了纪念他的日子。

但是他对我确实有很深的影响。那不是在 iPhone 出现以后，甚至不是在 iPod 出现以后。在我上高中的时候，偶然买了一本乔布斯的传记，那时候乔布斯还是青年才俊，但是后来自暴自弃，然后成了默默无闻的例子。我身材很高大，但内心很自卑，所以颇喜欢一些悲剧英雄的调调，所以当时就很喜欢乔布斯，那时候，我喜欢的是幻想，幻想那些悲剧英雄的命运，能不能因为一些偶然而被改变。我对自己人生的态度也如此，想得多做得少，梦想美妙到了不真实、不可触及、不可名状也不可实施的地步。

后来，我大学毕业，找到的第一份工作是某电子厂的网管+开发工程师，而最主要的工作是，当办公室里面的小姑娘的网络不通的时候，她们就会电话叫我来，我做了一番检查后，往往发现问题出在桌子底下的网线插头被不小心踢掉了，于是我用我230斤的身躯（当时的体重），趴在桌子底下，费力地把插头插上，然后打开浏览器打开一个页面，测试完美通过后，挥挥衣袖不带走一片云彩。

现在想想我的年轻时代非常的荒废，所有梦想都太遥远，不敢于追寻，也没有努力去追寻。而之所以没有彻底沉沦，是因为我太喜欢编程了，我可以不在乎学会一个东西是不是会让我涨薪水，我也不在乎每天通宵写程序后头发乱得像稻草一样。

那时候其实我也不是不在乎别人对我的观感，我只是从来不知道别人对我的观感，因为我连照镜子这件事情都根本顾不上。我的二十五六岁的阶段就是这么度过的。

后来技术和视野慢慢增长，也许更重要的是见识和表达能力的慢慢增长，我开始明白我所在的IT行业其实也没有什么高大上的，无非是一帮子看起来比较聪明的年轻人，有混得好的，有的人是运气很好，但是更多的人，无非就是踏踏实实地做事情而已。

我慢慢淡然，慢慢地开始放大自己的梦想，甚至有一天就真的去创业了。然后是挫败，自我怀疑、苦闷、抑郁，等等等等。再后来，我吓破了胆，关闭了公司，来到了上海，进入了盛大。然后行业又一次潮起，我按捺不住我的投机心态，再一次创业，然后再一次挫败，但是这一次没有死，扛了一年，又没有死，又是自我怀疑、苦闷、抑郁，甚至还有悲愤。直到后来又慢慢地淡然，放慢速度，追求积累，追求成效，追求慢而有力量的发展，直到今日，让公司可以真正活下来。

这中间，我无数次又见到乔布斯的兴起，从 iPod，到 iPhone，到 iPad，直到他死去，却更加被铭记。

他是一个圣人吗？不是。他是一个问题很多的凡人。据说他私德有问题，据说他性格有缺陷，等等等等。即使不论这些，当年他靠 Apple II 变成硅谷红人之时，他膨胀过，他失控过，他被他自己的公司开除过，我想他必然也沉沦过。

然而，他是普通人吗？我想也不是。从登上时代周刊封面，到被自己的公司开除，这样的起落，几个人可以承受？有多少人一生只辉煌一次？有多少人一生连一次都不曾辉煌过？有多少人能从灰烬中站起来，浴火重生？

但英雄也都是普通人，也有普通人有的一切烦恼，也不可长生。

区别在于，你有没有 faith（信念），有没有 calling（诉求），遇到了困境的时候，你是选择沉沦，还是 fight（抗争）。

我永远年轻，你们很多人却已经老了

那天晒了一张高中毕业照，很多人都不相信是我。

而我现在才36岁，看起来却好像已经年过半百了。

谁不在乎容颜的衰老呢？红颜名将皆悲白发，所以第一根白发出现的时候，我怅然无语。29岁的时候，我得了糖尿病，在此之前，我从来没有大病过，所以思考了很多。

我想假如我短命到60岁就死的话，人生至少还有30年，而我喜欢的很多事情，读书、思考、走路、写程序、看美剧等等，都仍旧可以进行。那时候，我突然觉得自己选了程序员这个行业好幸福，因为可以终身执业，只要自己想做，就不会有终点。

这两年，我代码写的不多，精力都在创业上，而特斯拉的埃隆·马斯克（Elon Musk）就是个好例子，创业也可以是一个终身职业。

想明白了职业和兴趣的终身性后，我的心态就变得非常的开阔，我觉得死之前没有终点，是一种可以很快乐的但行好事、不问前程的生活方式。我就想说，学习任何一个东西哪怕需要花3~5年，仍旧有20多年可以用，是多么的合算啊。所以，我就更认真更刻意地去学习英语，进而现在变成学习西方文化、艺术、社会、人文，任何一个我有兴趣的点。所以，我就可以下决心去学习日语，一门看起来对我用处并不大的语言。

前两天跟一个新朋友在星巴克喝茶聊天，他讲到他老婆的一个女性朋友，七〇后，高学历，留过洋，但是30多岁以后，因为工作在国企，就变得非常的不敏锐，也没有好奇心，不喜欢探索新鲜事物，买了iPhone，上面只安装了微信，连下个别的App玩的心思都没有。

这是什么情况呢？这就是我定义的老了。失去了对世界的探索之心，努力求稳，求可以安安稳稳地度过余生。而年轻是什么呢？是永远积极向上，挑战自己，对世界继续充满好奇，希望每一天都过得有意义、充实，同时充满新鲜感。

他说，那个女性朋友后来去了一家互联网公司，待了一段时间立刻就像变了一个人一样。这就是我深爱这个行业的原因，在这个行业里，很多人因为希望自己有前途，都会努力变得让自己很有朝气，而老和年轻很多时候只是状态而已，是可以随时切换的。我每次叫一辆人民优步，如果我想的是稳稳当当到目的地，那一刻我就是一个养尊处优的老帮菜，而更多的时候，我会充满好奇地问司机，他是什么行业背景，为什么做人民优步，生意如何。

由此我遇到过无数好玩的人，昨天晚上的优步司机是做小贷的，我之前没有怎么接触这个行业，我问了一连串的问题。小贷是不是高利贷，如何做风控，如何追讨，借的人以什么阶层和用途为主，你们喜欢借给什么样的人，等等等等。问完以后，我觉得很有收获，不白花钱坐车。

我认为老和年轻，不是年龄，不是外表，而是选择。而你永远都有权利和能力选择。

— 身上的肉和自己的困境其实都一样

前年我心情和境遇最差的时候，不得不静思人生，感觉人生是那么的苍凉。我那时候公司濒临破产，人也胖得不行，身体快垮了，有几天吃盐都吃不到味道的感觉，悲观得要命，抑郁得不成。但唯有弹簧被压到最低的时候，才能得到最大的弹力，也只有当我心如死灰的时候，我才真正地反思人生。

我当时 260 斤。

小学前，我非常调皮，所以也没怎么胖，但是上了小学后，尤其是三年级后，人生忧患识字始，我喜欢上了读书，从此就变成一个完全能沉浸在自己世界里面的人，加上我老爹当年的手艺了得，我就慢慢地变成了一个小胖子。

高中的时候，我身高 178.8 厘米，体重 180 斤，虽然也很胖，但还算过得去。那时候超喜欢打篮球，每天除了上课、吃饭、睡觉，就是在宿舍门口的篮球场上流汗。

高考那年我考得有点儿差，一开始估分的时候，估计自己上不了本科线，所以那个假期前半部分过得有点儿阴郁，父母偶尔会叹气，我只是窝在家里玩电脑，不敢出门，不敢造次，每天轻声细语的。

后来分数线下来，虽然不好，但是过了本科线，还上了西南石油学院（跟我父母单位对口，当时觉得是很好的选择）。虽然不是重点，但是至少父母心里一块石头落地了，我就开始活得非常欢快，不过仍旧是窝在家里玩电脑。父母没事干就做点儿扣肉、红烧肉来犒劳我，那一个假期过后，我涨到了 210 斤。

大学四年，我更钟爱电脑，甚至上课都没怎么去。篮球也打得少了，因为宿舍离篮球场有点儿远，也因为打篮球打碎了好几副眼镜，也许还因为大学比高中大多了，不是总能遇到相熟的人一起打球。那几年，我的腋下和脖子后边很黑，我以为是洗澡没洗好，现在看来那时候糖尿病的早期征兆已经出现，胰腺已经开始受损了。大学四年后，我涨到了 230 斤。

毕业后，工作单位里面同事关系不错，人人都喜欢我，也没有人在乎我是个胖子，产线上的工人对我也很客气，郝工前郝工后地叫来叫去。2~3 年后，我涨到了 260 斤。

之后的很多年，最多到过 270 斤，那时候认识了我前妻，瘦到

240 斤，再后来浮浮沉沉，前年，到了 260 斤。

写这么一堆是在说，身上的肉和自己的困境都一样，不是一天之内降临的，也是慢慢积累的。所以，那时候痛定思痛，我想解决我的一切问题，但是方案是不着急，沿着一个既定的方向，慢慢来。

所以那一年，我开始走路，开始调整饮食，短短两个月减了 40 斤，把自己吓了一跳，强迫自己 slow down（慢下来）。（后来又有些波折，2014 年 10 月又反弹了 10 斤。）

如果你有心，一切都是体会，一切都是感悟，一切都是成长。

我确实是要减肥，我的目标是 220 → 200 → 180 → 160 → 140，一个阶段一个阶段地来。但是更重要的是，我们需要抵抗衰老，对我来说，回到 210 斤就回到了大学年代，回到 180 就回到了高中年代。

而对每一个人来说，也许你们不胖。但是人生本是逆水行舟，当你停止前进的时候，你就老了，你就死了。

就像我的公众微信一样，更新它的目的是什么？它可以给我挣很多钱？它可以给我带来很多满足感？对的。不过更多的是，更新它以及做很多麻烦、不麻烦的事情，让我感觉我活着，我没有老去，永远不死。

疼痛有时候也是一种成长

大前天买的车，前天骑了36公里，其实我之前在上海也买过一辆车（后来不慎丢失），最多骑过40多公里。不过前天比较注意速度，骑的时候保持时速在20公里以上，再加上我很久没有骑车了，所以骑完了就觉得胳膊很疼，而屁股更是疼得要死。

昨天，炒菜的时候没发现什么，但是出锅的时候发现我单手提锅都有点儿拿不住了，坐在我超贵的Herman Miller Embody（赫曼·米勒的“表现”座椅）上面，屁股不觉得疼，但是坐在任何其他地方，地铁上、公园的长椅上都觉得很疼。到了今天早晨发现腿也有点儿疼了。

这不由得让我想起很多年前，我小时候，第一次跑步锻炼的时候，跑完了也是浑身疼，然后就恨上了跑步，虽然有人跟我讲过这样的疼痛其实是肌肉在成长的正常现象。

疼痛是人最重要的感觉，如果你没有疼痛感，你就会肆无忌惮地追求风险，就算浑身是伤，即将死亡也不知道。疼痛也是人最不好的一种感觉，因为有时候，那些疼痛让我们以为有些成长也是坏的，就像有些药是苦的一样。

但是，人跟其他动物的区别在于，人是有意识的，人能了解自己，从而超越自己。从直觉上，任何一种疼痛都是不好的，都是要躲避的，但是人可以超越自己的直觉去追求一种疼痛，把疼痛变成一种快感，变成一种体验，从而获得成长。

无数人都在谈论《异类》（*Outliers*）这本书，都在反复地谈 1 万小时到底够不够，但是，那本书谈的其实不是普通的 1 万小时，毕竟有那么多干够 1 万小时而毫无成就的人。那本书谈的 1 万小时是不断冲破舒适区的 1 万小时。

听着很难理解，啥叫舒适区？其实很简单，就是你感到疼痛的时候。如果你可以轻松爬 5 层楼，那么爬 6 层楼也许你会开始喘气，7 层楼也许就会累了。那么 5 层楼就是你的舒适区，你每天都爬 5 层楼的话，就是坚持。而每天都试图多爬一层楼，就是成长。

而成长都是有疼痛感的。

我不是在谈锻炼身体，我是在谈人生。

到了今天我已经有 14 年的程序员从业经验，而开始写程序更是早到了23年前，到了今天，我会大概10多种编程语言，三大主流桌面操作系统Win/Mac/Linux上都开发过很多程序。但是一开始呢？我是从学习机的Basic手册开始学编程的。不懂什么是常量，什么是变量，不懂什么是子程序，不懂什么是循环。痛苦吗？痛苦。怎么学下来的呢？一遍看不懂，看第二遍，第二遍看不懂看第三遍……

我们有太多的人在学校教育的重压下可以学会任何困难的东西，但是自学的时候就非常娇气，一遍看不懂就会放弃。

然而，哪里会有那么容易的成长？

到了今天，我已经开始喜欢忍受某些疼痛。所以，我去学日语，瞬间把自己变成了一个傻子，到现在为止，连句完整的日本话还说不好。每次重复教程里面的一个长句都痛苦得要死，需要听好几遍，自己说上六七遍才能说对。

所以我重新开始学画画，所以我去骑自行车，所以我去走路，所以……

爱上成长，就是爱上那种疼痛，爱上那种感觉，觉得自己一往无前，不可阻挡……

一 坚持本心，但不要惧怕任何其他的改变

头两天看了《神偷奶爸》，毫不意外地看哭了，我有女儿，我知道当一个美丽的小家伙跟你撒娇的时候，你是没有任何办法阻挡的。但是，仍旧被电影所深深感动。电影里面的格鲁本来是一个超级大坏蛋，以为自己只喜欢做坏事，但是内心柔软的部分从来没有真正消失过，只是被自己坚硬的壳隐藏了起来，有了人性的温暖，有了亲情的浇灌，迅速生根发芽成长。

我活到三十三四岁的时候，突然觉得在此之前，是我在生活和环境的压力挣扎下，一点点失去本心的过程，而这两年，慢慢地我觉得最珍贵不过的就是随心随性而动，坚持本我，坚持自己喜欢的东西，坚持和捍卫自己的生活方式，追寻自己的内心快乐。

我们在成长的过程中都是一边追寻着改变一边畏惧着改变的。

因为我们常常不知道哪些改变是好事，哪些改变是坏事。我在听一个英语 Podcast（播客）的时候，里面有一个苹果当年的资深工程师，他谈到因为工作做得越来越好，他被提拔去管理整个项目，一方面很有成就感，觉得自己可以对苹果的产品有更大的影响，另外一方面他深感无力，深感不安，因为代码越写越少。

类似的感觉我也曾经有过，曾经有人在微博质问我，号称中国著名 iOS 开发者，到底写了多少代码？我只能汗颜地说，虽然公司的项目越来越牛 ×，但是我写得越来越少。而到了最近一年，更有人说，这个人彻底废了，代码已经不会写了，只会写一些忽悠人的鸡汤。

唉。

心忧？何求？

核心问题还是回到本心去定义自己。

做什么样的事情，可以给你最大的快乐？做什么样的事情，才能让你感到你在活着？

我父亲 15 岁当兵，学会了抽烟，在我的少年时代，他一天至少抽两包烟。我非常反感他抽烟，也正因为如此，我一生从来不抽烟，连碰都不曾碰过。家里的帘子、沙发套等曾经到处都是他抽烟烧的小洞，我曾经以为他这一辈子都会继续抽烟。直到有一天，不知道是因为身体的缘故，还是因为其他的考虑，他下定决心戒烟，从此，我就再也没有见他抽过烟。

我从小学就开始喝酒，一开始是过年过节，大人开玩笑用筷子蘸酒给我尝尝，后来，因为家里的酒柜就在我的卧室，我监守自盗，某一年，居然喝光了家里的全部藏酒，父母等到临近春节盘点年货才发现。前两年我得糖尿病后，发现喝酒后症状会加剧，就决心戒酒，连啤酒也不再喝，如今已经两年了，从无例外。

很多时候，我们会以为，一些微不足道的习惯定义了我们。这实在是大大地低估了人类的伟大。定义我们的永远是我们的本心，是我们对这个世界的看法，是我们希望留给这个世界的精神遗产。

这时代太容易吃饱穿暖，所以也就太容易沉沦，变成每日酒足饭饱的废物。

我们需要对抗衰老，对抗无聊，对抗自己的懒惰和沉沦。

所有父母都希望孩子好好学习，找到一个好工作，然后安稳一生。在这个时代，吃饱穿暖太容易，但是安稳不易。这时代变化太快了。我觉得更幸福的模式不是找到一个好工作安稳一生，而是学会不停地改善自己、挑战自己的方法，然后用前进迎接这个世界一切的改变，永远都站在风口浪尖上，直面前行。风险实际上更小，也更加快乐。

劫后 一

小时候，我帮父母逮过鸡，家里散养的鸡其实运动能力不错，鸡飞狗跳就是在描述鸡能带来的动静，但是，如果你能把鸡逼到墙角，或者走投无路，它就会低下头，完全不反抗，默默无语。小时候，我想鸡是一个多么愚蠢的动物啊，长大了，我觉得人其实也差不多。

那天晚上本来是极其寻常的夜晚，我已经买好了两天后飞回上海的飞机票，躺在塘沽的家里。前几天都没怎么睡好，我有点儿困，爆炸发生的时候我应该在沉睡。突然醒来，发现灯没关，顺手拿起 iPhone 刷了下朋友圈，发现我的朋友都在发爆炸相关的图片和视频。

怎么了？我进入高中同学群，里面都在谈论爆炸，但是具体是加油站、油罐还是堆场，当时有很多说法。我看了一堆，大概感觉离家较远，就比较漠然。然后，微信上一个个好友来问我的消息。我挨个儿回了下，然后，发现微博上也有人在问，就转发了 Mac 活法的微博，说了句安好。我还有些木然，还很困。

然后，我上楼打开了父母的家门，我以为他们都睡着了，结果他们都坐在沙发上，我女儿一个人在卧室睡着。我说，你们听到了吗？我都没听到。我妈说，她被惊醒了，我爸则说，他去开厨房推拉门的时候感觉到了冲击波，推拉门一声巨响。我父母家玻璃都没碎，应该是离得远的原因，我家大概离爆炸地点 10 公里以上了。我的房子在父母的房子楼下，同一个楼洞，朝向不同，我向北没有窗子，所以才会没有听到吧。

舅舅已经打了电话过来。我爸在跟老家的亲戚用微信报平安。

我说，应该没事儿了，我们聊了几句，问了下他们窗户门关严了，我就下楼去睡觉了。

结果那天晚上其实一夜无眠，我不停地在刷朋友圈和微博，同学有在三街的，离爆炸就算比较近了，窗户都震碎了，已经转移出来。同学群里面大概也是聊到三四点的样子。

第二天，我就在担心，有人说那是个危险品仓库，但是所有官方渠道都没确认是不是会有毒气泄漏。我大早晨去父母那儿看了一眼，嘱咐他们不要出门，自己出了小区想去看看。

我家出门就是洋货那条步行街，街道上还是那么热闹，看不出来出了什么问题，我走进 KFC（肯德基）点了个早饭，吃了回家，继续刷朋友圈和微博。

记不得什么时候确认有氰化钠，而且防化部队要进驻。我上楼跟父母商量了下，要不然你们出去玩几天，带着孩子，我周五就要去上海，把你们留在天津我不放心。几个人商量了半天，干脆还是躲到北京算了。买了票，下午 4 点多把父母和孩子送到火车站，我基本上就放心了，5 点半开车，6 点多就到了。我做完晚饭，吃了，继续刷朋友圈和微博。

他们都安全了，我现在开始担心我自己了，突然有点儿后悔，干吗不直接跟他们一趟火车去北京住一夜？玩了会儿，睡在床上也睡不好，一会儿看看家里的空气质量监测器，看看甲醛，化学污染物超标与否，一会儿刷微博。这夜差不多也是到了 2 点才真正睡安稳的。

早晨 8 点起来，洗漱完了，赶快做早饭收拾屋子，9 点多就打车出门，10 点多就到机场了。

踏进机场大厅，长舒一口气，全家都安全了。

我估计多半这次不会有更大的灾难，但是不全家撤走，我就是安心不下来。我怕，我跟被逼到墙角的鸡一样惊恐。

昨天下午，我才想起来，爆炸的那个地点，上次我好朋友来天津，我们去东疆沙滩的时候路过过，我前两天骑车到北塘的时候也路过过，最短直线距离也就是500米的样子。这次大爆炸在大半夜，真是万幸，本来我这两天也准备骑一次车的，也可能要路过那附近的。

在大的灾难前，我们是那么的无助、无知，无法掌控。

活好每一天，做自己爱做的事情，保护自己爱的人和自己吧。

尽可能地活成你想要的样子

昨天看到一篇文章，说如果按照人平均80岁来算，把一生映射到24小时，你就可以算出你现在在早晨几点钟，据说我还是10点48分，所以离毛主席说的“八九点钟的太阳”还不算太远。当然我觉得这个观点多少有点儿滑稽，因为每个人都知道你的前十年和后十年是不同的。

子曰，逝者如斯夫，不舍昼夜。你珍惜时间也好，你浪费时间也罢，一切终将东流去，无法复回。

曹操又说过，神龟虽寿，犹有竟时。活一万年，又能怎么样，仍旧不是永远。

天津大爆炸的时候，我确实有真实的恐惧感，因为离得太近，因为虽然不知道我自己切实的意义何在，但是我深信我有无限的可能性，我还在路上，我还未定型，我绝对不心甘离去，更因为我绝对不忍我的家人遭遇任何风险。

那两天，我确实可以感觉到那种人生无常的意味。如果我死在当日，世人将如何评判我？我的家人该如何自处？公司怎么办？公众号怎么办？我学了一半的东西怎么办？一切梦想又该如何？

我觉得自己就像一只被逼到墙角的鸡，这是非常真实的感受。有一些境遇、灾难是我们可以阻挡的，有一些就只能被叫作无常，我们没有办法控制。

但是，世界上最重要的就是这个但是。

只有活成自己想要的样子，才能满足自己心底的欲望。所以，即使并不知道何时生命会结束，你仍然要把计划制订到未来，依然要一步一个脚印去努力。只有这样带着希望活下去，你才能感受到每一天都是活得真实而充实的。

Hope is a magic word.

《饥饿游戏》里就说道，让人们恐惧的其实不是死亡，而是希望。你一旦有了生的希望，有了想变成有钱人的希望，有了要出人头地的希望，你就会欲求不满，继而你就会想要得到。所以，很多人跟我说 TA 背不会单词，走不了几公里，其实就是你想要得到的欲望不够强烈。如果你的欲望足够强烈，任何事情你都愿意去做，任何委屈你都能忍得住。这都取决于你到底想不想要。

我们在人生长河中的位置在哪儿，这是一个大的命题。但是，你现在在某个环境中的位置在哪儿，就是一个很实际的问题。而要精确定位你的位置，首先你得明白，你想要的到底是什么。

比如你想追一个小你十几岁的女孩，你十分喜欢她，看见她的每一个瞬间，都压抑不住想推倒她的冲动。这个时候，你得冷静地判断一下，你想要的是这个女孩的身体，还是她陪伴你的时间，还是她可以让你在朋友面前有自豪感，还是她可以激励你的事业，还是……然后你得衡量一下她想要的是什么。最重要的是，她能不能满足你的欲望，而你又能不能满足她的欲望。只有你们的欲望高度统一，或是和谐地互补，才能愉快地长久地滚床单。

好了，人生说到底是很简单的一件事，就是两个问题：

1．你想要的到底是什么？

2．怎样获得你想要的？

想明白这两件事，然后就 just do it（想做就做）！

《好好先生》（*Yes Man*）这部电影里面我最喜欢的一句台词是："The world is a playground. You know that when you are a kid but somewhere along the way, everyone forgets it."（小时候我们都知道世界是个游乐场，但是等我们长大后，却把这点忘记了。）

这部在别人看来也许是傻励志的娱乐片，确实深深地击中了我，每次看都让我警醒，问自己，我是怎么从一个青葱的少年，变成一个暮气沉沉的大叔的。

从什么时候开始，我们丧失了对世界的好奇心？从什么时候开始，我们开始喜欢一成不变的生活？从什么时候开始，我们不敢放声大笑？从什么时候开始，我们不敢对别人说心事，孤独地躲在假面背后？从什么时候开始，我们开始相信“小孩才分对错，大人只看利弊”？

所以，当你长大可以轻松买得起千元跑鞋的时候，你可能没有任何的激动，也不会大半夜爬起来想试试它，对现在的你来说，那只是一双鞋子而已，无非是贵点儿舒服点儿，而在小时候你家穷的时候，那可能是你的梦想。

小孩子的快乐，在我们大人眼中真是愚蠢啊，不需要高价的玩具，不需要豪华的装潢，在门口玩泥巴可以笑一下午，跟几个不知所云的小伙伴你追我赶，可以笑一下午，等等等等。

我们在成长的过程中，相信了太多的鬼话，学会了太多规则，忘记了最早我们来到这个世界的时候，我们的要求其实并不高，活下去，吃饱饭，每天玩就可以很快乐。

所以，到了今天，我们可以吃得起很贵的日料了，我们可以呼朋唤友夜夜笙歌了，但是时不时，在片刻的安静里，我们会怅然若失，不知道自己在干什么，为什么会容忍让自己不快乐，让自己活得像一个躯壳。

这世界对所有人都一样，有着同样的一个游乐场，同样的一趟地铁，同样的一家街口烧烤摊，同样的一家深夜还开门的面店。但，有的人，时时刻刻感到快乐，有的人觉得活着不知道为啥，只知道每顿不吃会饿。

2
PART

我们的伟业
是持续地改变自己

我们需要做的是忘记一切外界的评价标准，回到内心，用自己的内心去感受，用自己的大脑去思考，自己所在的位置不重要，每一天跟昨天相比自己的成长才重要。这样我们才能找到一个永恒不变的前进方向和标准。

我是怎么学英语的，四级没过如何突破听说读写

我是怎么学英语的

我经常在微博和微信上面吹嘘自己的英语水平，比如我会告诉大家我看美剧、美国脱口秀、电影都是不看字幕的，比如我目前的阅读是以英文书为主的，比如我讲过我在苹果店用英语帮助一个老外解决他的Mac遇到的技术问题，我还讲过我曾经在上海的一个外国人占半数以上的技术聚会里面用全英文做过技术演讲。

讲这些真实故事的时候，总有人膜拜，希望我好好讲讲我是怎么学英语的。当然也有人不以为然，一方面有人觉得我把学英语说得太轻描淡写了，在误导大家；另外一方面有些人觉得我在夸大自己的英语能力。

讲这些东西炫耀是一方面，另外一方面，我不认为自己的英语

有多好，我认为大多数人可以轻松达到或超过我的水平，毕竟学英语只是我的业余爱好，我不想去考托福、雅思，我也没有四级、六级、专八的压力。我在公众账号上面一直都在灌鸡汤，在给大家讲学习方法，因为我认为大多数人的问题不是智商不够，不是努力不够，而是学习方法不对。我认为我学习英语的方法，只是我使用自己的学习方法的一个小小的例子而已，既然有那么多人想了解细节，也有那么多人质疑，我今天就好好讲讲。

为什么我要学习英语

我是一个非常实用主义的人，虽然我所在的中小学英语教育都很好，但是我对英语其实一直以来都是过关即好的态度。到了大学，我们学校的英语很差，我也就自暴自弃，我高中毕业去考四级都有可能考过，但是大学期间，我的最高分数是 58 分，而且，我也不是很想再考了。大学期间，我的态度是反正我可以看懂各种计算机相关的技术文献（当然还是要查字典的），足够了。我对英语的态度是，技术英语我很在乎，看技术文献一定优先看英文的，不懂就查字典，其他的英语看起来很困难，也没有兴趣看。

时间到了五六年前，我的好朋友韩磊推荐我们看了一部港剧，很过瘾。我看完了以后在微博和别的平台炫耀的时候，有人告诉我这部港剧是模仿美剧《24 小时》的，而且《24 小时》比这部港剧好看几百倍。于是，我就入了美剧的坑。从《24 小时》开始，我看的美剧越来越多，后来我干脆再也不看国产剧了。我喜欢美剧的剧情、节奏，还有多种多样的形态和背景。

看着看着，我发现了一个大问题。那时候我是一个非常喜欢 Multitask（多任务化）的人（我现在认为这是不对的，但是当时乐此不疲），我很喜欢一边看电视一边写代码，那时候我已经开始用 Macbook 小白了，但是旁边还放着一台 PC 显示器，PC 专门用来看各种视频和电影。我可以轻松地边看国产剧边写代码，但是我没办法边看美剧边写代码。这引发了我的思考，这是为什么呢？我的结论是，看美剧的时候，我的眼睛必须盯着字幕，而看国产剧的时候，我可以靠听理解大部分剧情，眼睛不用一直盯着副屏幕。

所以，当时为了解决这个问题，我想，我能不能学会不用字幕看美剧呢？于是，就开始了我自学英语的历程，这大概是三四年前吧。

入手的方法

怎么学英语呢？我不想报任何培训班，我觉得我是一个自学能力很强的人，我就开始设计自己的自学方法。其实我以前技术英语也不行的，怎么学好的呢？就是硬看所有的技术资料，看不懂就查字典，看多了，我就发现看同等难度的技术素材，随着看的时间越来越多，查字典的次数越来越少，读得越来越流畅，大概就是在闷头读技术素材一个月不到的时间，技术英语就突破了，看大多数的技术资料就不太需要查字典了，而且越看越快。

这跟我小学的时候看小说是一样的，我三年级以前看的都是所谓的儿童读物，自然都很好懂。可是三年级的时候，我父亲去图书馆借了一些小说看，比如梁羽生的武侠等等。我的成绩很好，所以，他看完的我要过来看，他从来不拦着，一开始遇到一些字不认识问他，他不耐烦地让我去查字典。我后来就在这么查字典的情况下，看懂了很多小说。我觉得我三年级的阅读能力可能已经超过很多初高中生了。

我觉得我国的整体英语教育水平很差，大多数大学毕业生的英语水平惨不忍睹，但是，即使是很差的大学的毕业生，你大学毕业时候的英语水平，其实也快达到英语母语国家三年级小学生的水平了。所以，我们是有硬学的基础的。

我在读 37signals（37 信号）的那本书《重来》（*Rework*）时，收获最大的一句话，就是世人都说要从失败里面学习，但是我们更应该从自己的成功里面学习。我们不用去复制唐骏的成功，因为他的脸皮、承压能力我们不一定学得会，但是我们总是可以复制自己过去的成功。你今年二三十岁，你真的敢说，你从来没有努力过，从来没有成就过任何小的成就吗?

所以，我的方案很简单，跟我小学三年级硬看小说那样，跟我在大学硬看技术英语一样，去硬看没有字幕的美剧。一开始是很痛苦的，我发现很多我觉得很简单的美剧完全看不懂了，从娱乐变成一种煎熬了。怎么办？如果当时退缩了，那么我现在还是只有对着字幕看美剧。但是如果当时纯粹地硬看，完全不考虑方式方法，我估计我也坚持不下来。方案很简单，把所有自己喜欢的美剧，按照难易度分级，只看简单的美剧，只看不太需要大词汇量就能看懂的美剧。把一些剧情已经很烂熟的美剧找回来看第二遍，每一集看懂为止，看不懂的话，就看第二遍。这样大概坚持了几个月以后，我发现大多数的美剧，都可以轻松地在不看字幕的情况下看懂 80% 以上了。

如何才能坚持

每次说到看美剧学英语这个问题的时候，都会有人问，你真的能看懂全部吗？能看懂 80% 不错了吧。问题是，干吗要追求全懂？我现在大多数剧可以全看懂。但是，遇到一些背景很不熟悉的剧，确实很难全懂。可是，为什么要全懂？你看国产剧时候，虽然没有语言的问题，你能保证你全懂吗？

有人以为我说看美剧学英语很简单，所以，就说我刻意地把学英语说容易了，学英语很难，我在误导人。我可以告诉你们的是，这个方法很简单，但是并不容易，练到我今天的听力水平，我大概看过了几十部各种各样的美剧，有很多剧看了无数次。为什么可以看这么多?

原因很简单，我是“乐学”，我从来不让自己痛苦。我在能力不够的时候，就看简单的剧，能力提升以后才去看复杂的剧。在起初的时候，如果发现一个剧聚精会神也看不懂 30%，那么这个剧暂时就不看了，等到过了一段时间自己的听力和词汇量上升了再回过头来看这个剧。

任何一个剧看到能看懂 80%，就说明看懂了，不求全。如果一个剧大概的内容都懂了，就有一两个细节不懂就去死抠的话，看剧的效率就大大下降，看剧的乐趣也大大下降。

我很反感学习中的那些捷径派，我见的太多了，学习啥都想问问有没有捷径。我有一条捷径，那条捷径就是硬学、不多想、不扯淡、不放弃。不追求全部看懂的意义就在于，一开始学习的时候，我们追求的是尽量多地看美剧，看越多越好，量上去了自然而然水平就会上去。

一开始我看的是用字幕看过无数次的《24 小时》，然后是一点一点地上难度，现在，我已经开始看 *Saturday Night Live*（周六夜现场，模仿政界人物、明星等为主的综艺）、*Last Week Tonight*（上周今夜秀，偏政治的脱口秀）这些就算英语很好但对英美文化不了解，都是很难看懂的节目了。

看剧可以学词汇吗？

这个问题是大家问我问得最多的问题。答案是当然可以。需要查字典吗？不需要。看美剧的时候查字典是很困难的，你只是听到了剧里面的台词，往往不知道拼写，怎么查字典呢？

我一开始也不确定这样学到底效果如何。虽然我看懂了很多剧，但是我到底是不是学到了新的词汇呢？有一次朋友跟我一起参加一个技术会议，老外演讲，我们都没有要同传耳机，他中间有一些细节没听懂，问了我几句，我回答得很清楚。他很感慨，因为他觉得几年前英语听力比我强，现在我的英语听力比他强了。他建议我去考个雅思测试一下。

于是，我在网上找了一套雅思测试题，在做题的时候，我遇到了词语 marriage，其实我没学过这个词，但是我顺口念出来了，然后根据上下文一对，我居然猜对了意思。这个词，我没有见过中文释义，没有见过拼写。但是根据拼写，我大概一念，我就认出来了。另外一个词是 siren，我在看一篇文章，讲遇到地震或者什么危险的时候，老师该怎么引导学生避险。提到老师要去按一下 siren，我一开始不理解这个词，感觉通篇阅读都有点儿不理解，但是硬读了一下，我发现，这个词应该是汽笛之类的，后来查了下字典，果然是对的。

然后，我觉得我不用测试自己的雅思了。我觉得我看到了这种学习方法的魅力，我通过大量的视听，很多词虽然我不知道在字典上对应的中译，但是，我知道可以用在哪里，大概是个什么东西。这是什么学习方法呢？这不就是我们小时候学习母语的方法吗？你父母确实会刻意地跟你说这是椅子，这是桌子，我是爸爸，她是妈妈。但是更多的词汇量（听力词汇量），不是老师在课堂上教你的，也不是你在书上看到的，而是你在听大人讲话的时候慢慢积累的。这就是学习语言需要的学习方法啊。（很多人可以一个汉字不认识，但是不影响他的说话很溜，什么都会说。）

进阶篇

用以上的方法，在不到半年的时间内，我就完成了我学英语的既定目标，完全不看字幕的情况下，看自己喜欢的美剧。有一段时间，我的英语就停留在这个水平上，没有任何变化，因为没必要有任何变化，当年剧看得越来越多以后，各种不同类型的词汇量一直都在积累，但是整体水平并没有大的前进。

一个很大的问题摆在了我的面前，是继续深化我的英语水平，还是满足于技术英语完全看得懂，看美剧也不需要字幕，自然看WWDC（苹果全球开发者大会，英文全称是“Worldwide Developers Conference”，简称为“WWDC”，每年定期由苹果公司在美国举办。大会主要的目的是让苹果公司向研发者们展示最新的软件和技术）直播也不需要字幕的水平呢？

说实话，从工作和生活上来讲，确实也没有需要了。我觉得我的英语够用了。但是，看了这几年的美剧下来，我对美国文化的了解加深以后，越发觉得只看中文的材料对我的视野影响很大，特别是我是 IT 行业从业人员，能不能看到国外的第一手资料，可能对我未来的创业和工作都有比较大的影响，所以我觉得学英语还是值得继续下点儿功夫的。

特别是 2013 年度，我的事业处在低谷中，爱情生活也是空白的。我这个人是受到挫折越大越努力的那种人，2013 年我想给自己一个彻底的翻身，努力去做好公司的事情，锻炼好身体，那么学好英语和提高在别的方面的修养也提到了议事日程。

听英文 Podcast（播客）的开始

因为要锻炼身体，我决定开始走路，一开始走 7~8 公里就需要一整天，慢慢地，我可以一天走 20 多公里，只需要 5~6 个小时的样子（2 个月内减了 40 斤）。一开始走路的时候，我都是在听音乐，虽然我的正版曲库有几百首英文歌，但是还是会腻，我就开始在走路的时候听中文的 Podcast，有一天我在想，要是走路的顺便听英文 Podcast，不就可以边走路边学英语吗？（一次性获得两种积分，好赞，节约时间的好办法。）

于是，我开始寻找好的英文 Podcast，听了一阵子才发现，看懂电视剧是一个难度，听懂英文 Podcast 是另外一个难度。看电视的时候，有画面帮你理解问题，而且对白量并不是很大，听 Podcast 的时候，全部都是语言，同样一个小时的 Podcast，句子量可能是美剧的 10 倍以上。我在美剧上建立起来的对自己听力的信心，被严重地摧毁了。但是我不害怕，我有过从离不开字幕到完全不看字幕的美剧观看经验了，我知道 Podcast 也不过是需要一个过程而已。

方法很简单，先找最简单的 Podcast，可以推荐的是 *English as a second language Podcast*（英语作为第二语言播客），这是洛杉矶加利福尼亚教育发展中心的几个老师做的一个 Podcast，至今已经有 1000 多期了，每一期是一个 100 字以内的简短对话，用标准语速、慢速以及单句讲解三种方式来读三遍。基本上英语稍微有点儿听力，就可以用这个进行听英文 Podcast 入门了。我大概听了 100 来期以后，感觉自己的 Podcast 听力到了一定水平，才开始找其他的 Podcast 来听。

首先听的是 ATP（Accidental Tech Podcast，偶然科技播客），因为纯粹是几个技术大牛扯淡，所以词汇量跟技术英语比较贴近，也算是一个上手材料。这两个 Podcast 一直在听，听到一定量我就开始寻找各种各样的 Podcast 来扩展我的不同领域的词汇量了。这种扩展词汇量的方法，在我学英语的几种方法里面是共同的，从最简单、最熟悉的材料入手（喜欢的、简单的美剧，教学类、技术类 Podcast），熟悉后，慢慢扩展各种难度升级和种类多样的英文材料。

到了今天，我听的Podcast包括了经济学方面的，*EconTalk*［经济对话，斯坦佛大学胡佛中心经济学家拉斯·罗伯茨（*Russ Roberts*），节目里面采访过大量的诺奖获得者，著名企业家，包括uber（优步）的创始人，Airbnb（空中食宿）创始人等，著名风投家比如马克·安德森等］、*Planet Money*（星球贷币，轻松的经济学小故事），包括电台节目 *This American Life*（美国生活）、*Ted Radio Hour*（泰德广播时间）等等，当然最多的可能还是技术类的。现在听的范围就都是我喜欢听的东西。

听英文Podcast的好处是听力又上了一个台阶，我听的Podcast里除了 *English as a second language Podcast* 是教学英语，所以提供慢速以外，其他都是正常的美国人听的东西，都是常速英语，甚至很多人说话非常快（电台的感觉你懂的）。而且听的种类多了以后，你会发现信息量比美剧大得多，毕竟美剧是娱乐为主的，大多数内容都是很浅显的。

看英文书的开始

2013年的时候，我去了一趟香港，买了几本书，两本就是诚品书店英文销售榜榜首的书，一本是《习惯的力量》（*The Power of Habit*），另外一本的名字暂时想不起来了。我当时只是觉得诚品书店的外文书数量比国内的书店多得多，不买两本太浪费来香港一趟了。

回来以后，我发现这本《习惯的力量》写得非常好，而且改造自己的坏习惯和建立好习惯的方法论和我一贯的学习方法论很兼容，所以很认真地在看，但是出门带一本书很麻烦，我就下单买了一个Kindle paperwhite（亚马逊新一代电子阅读器）。另外我的朋友子元在美国，他告诉我他喜欢在亚马逊买有声书来听，感觉比看书更爽，于是我又买了这本书的有声书版本。至此，这本书我有三个版本，大概花了50美元左右。我出门坐地铁就用Kindle看，走路的时候，就用iPhone的Audible App（亚马逊旗下的有声书品牌，书非常全）听。这本书一半是用Kindle看完的，一半是用Audible听的。

这本书我看完了以后，刻意地用书里面的方法来改造我的走路习惯和阅读习惯，我发现效果都很好。于是我发现了看英文书的一大好处，就是可以获取很多新的知识。

看完这本书后，我觉得我打开了一个新的世界。于是，我开始了刻意阅读英文书的旅程。方法很简单，在任何场合，看到有朋友推荐一本书，只要这本书是译书，就去亚马逊买一本原版的。我每个月在亚马逊光买电子书消费至少在300美元以上。遇到任何一本书非常喜欢的话，就马上再买它的有声书版本，一本有声书的价格往往是电子书的三四倍，但是，可以在走路的时候读，加快效率，我不在乎这点儿钱。

之后，我在 *EconTalk* 听（拉斯·罗伯茨采访了《大争论：左派和右派的起源》（*The Great Debate*：*Edmund Burke*，*Thomas Paine*，*and the Birth of Right and Left*）的作者尤瓦尔·莱文（Yuval Levin），他是主修西方政治的，但是在学习西方政治的时候，美国的民主党、共和党两党的主张有很多非常具体而微小的差异，很多并不能以利益来简单地说明，他很好奇这两派差异的来源，经过调查，他得出的结论是，西方左右派的创始人，左派的创始人托马斯·潘恩［Thomas Paine，《常识》（*Common Sense*）的作者，所谓西方普世价值观大量来自他的论点］，右派的创始人埃德蒙·伯克（Edmund Burke，英国高官），这两个人在美国大革命和法国大革命时期爆发的论战，特别是针对法国大革命是否正确的论争，奠定了西方左右派的起源。

我被这个采访深深打动了，因为我对西方的左右派是怎么回事也非常有兴趣，马上买了这本《大争论》，然后大概花了 3 个月才看完。这本书看得极其地吃力，因为里面都是一些艰涩的哲学、经济学、政治概念，有非常多十几个字母的长词儿。我看《习惯的力量》的时候，最开始一页书需要查 5~6 个词，但是看到 1/3 以后，基本上不用查字典就可以通读，了解大概的意思了。但是这本《大争论》基本上是查字典从头查到尾，每页可能都需要查 7~8 次字典。但是，这本书太有意思了，太开阔我的视野了，解决了我心中对历史和政治方面的很多疑窦，所以看得非常辛苦也甘之如饴。

看完这本书以后，我觉得我的视野被打开了很多，三个月的苦读一点儿都不苦了。这本好书，更坚定了我要多读英文书的信念（虽然这本书其实也有中文版）。更重要的是，我从埃德蒙·伯克的哲学观点里面学习到了渐进的力量，真正开始理解日拱一卒，不期速成的价值，我的内心更加平静，更加可以让自己去坚持做一件自己觉得正确、哪怕是路径非常坎坷的事情，这本书对我的人生改变之大，不可估量。

后来，我在一些投资人朋友的书单上看到了《从 0 到 1》（*Zero to One*）和《创业维艰》（*The Hard Thing about Hard Things*）这两本和创业关系很紧密的书，看完了也是觉得非常赞，非常贴近我在创业中遇到的问题和思考。特别是《创业维艰》，作者是马克·安德森在网景公司的同事，在互联网泡沫即将破碎的时候创业，经历了流血上市，家人重病，公司分拆，出售主营业务等等无数的艰难险阻，最后修成正果的故事。我几乎是见一个创业的朋友就推荐一次这本书，还送了一本纸质的和几本电子版的给我的好朋友们。

在我看这两本书的时候，大陆还没有出版这两本书，在我看完，甚至推荐给很多朋友后，国内才开始有译本。上次有个朋友从深圳来上海出差的时候见过我一次，几个月以后他来上海一定要再约我一次。聊的时候他说，我推荐他这本书的时候，身边没有人知道这本书，他看了以后也是收获很大，最近国内创投圈子都开始看这本书了，他就觉得我有先见之明。我想了想，这就是坚持看原版书带来的时间差异。

另外有一本书，叫作《十亿消费者》（*Onc Billion Customers*），是我前些日子一直在看的书，收获非常大。作者是纽约时报驻中国记者站的前负责人，后来在中国经营纽时的数据业务，接触了大量的在中国经商的外国人，直接、间接参与了美国和中国的 WTO 谈判，后来也在中国经商多年。

这本书的立意本来是讲外国人在中国做生意有哪些坑，但是我看完全书发现，这本书是一本了中国商界非常难得的客观的读本。不仅仅对外国人在中国做生意有大好处，对中国人本身怎么在中国做生意也有很大的意义。而且从历史的角度入手，也帮助我去理解中国如何在挣扎和矛盾中进步和倒退，市场和垄断等力量如何博弈，如何推动和阻碍中国的发展。

至此，我觉得我学英语的目的越来越清晰。作为一种语言，英语有多流利已经不是重点了。我发觉英语的价值是可以让我跟这个世界最好的内容、戏剧、书、知识建立起联系。我学英语的重点在转移，更不在于语言层面的东西，更在乎自己的专业，自己的兴趣以及文化方面。英语完全成了解世界、认识世界的工具，当然，这个工具需要学得非常好，才能满足我的需求。

口语突破之路

其实在我开始阅读电子书之前，我就开始了口语的练习。但是，听读其实是比较相近的能力，说写则是另外一种能力。所以，我把口语和写作放在后面聊。

中国人大多数是哑巴英语，很多词汇量巨大的人，也说不清楚一件非常简单的事情。原因很简单，听和读其实是容错性很大的行为。之前有人举过例子，刻意把一些句子里面的每个单词都写错一个字，你是完全可以读懂的。比如："Thos xs a bxxk, I loke Englosh boxk."（这是一本书，我喜欢英文书。）其实读懂这个不难。实际上，美国黑客界很流行一种用数字代替英文字母的写法，比如著名的美剧《数字追凶》（*Numb3rs*），里面的 3 就是代表字母 e 的。大多数人对这样的错误都是可以完全包容的。而且，不管你语法多烂，只要大概的词语对了，老外其实是可以听懂你大多数词语的。这是因为我们说的话都有大量的冗余信息，只要你的错误没有多到一定程度，可以被其他的冗余信息纠正回来。

但是说和写就不是这样的了。一句话可以有 30 种说法，你要想说好和写好其实是很难的。即使你听了很多，也不会自然成为你的口语表达能力。

口语只有一个练法，就是不停地说。可是，你不能跟中国人练习。不是说只能跟英语极好的人练习，跟谁练习都可以，只要练习足够多，因为练的核心是你自己说。但是跟中国人练习的问题是，刚开始说个 Hello 以后，他就喜欢挑错，他们总是习惯每一个字都对，不懂得练习的真谛是多说，在练习的时间里面尽量地说才是要点，他们可以找到的大多数错误，你自己也可以找到，他们总喜欢得意洋洋地告诉你一些小学级别的英语错误问题，以找到别人的错误为乐，一旦找到了，立刻出戏，进入了嘲笑和反嘲笑的游戏里面。我跟中国人试了几次，发现效率最高的情况下，一个小时也只能扯几句，完全起不到练习的作用。

于是，找老外吧。我不想花钱，怎么找老外呢？2012~2013 年的时候，StackOverflow（栈溢出，国外最著名的一个技术社区）搞了一次全球大聚会，利用 MeetUp（聚会）网站在全球所有的城市发起了聚会邀请，只要有 MeetUp 的会员就可以参加。（Meetup 是世界上最大的地方群组网络，创建者是斯科特·海费曼。斯科特·海费曼设计了 Meetup 网站，帮助人们在网上找到彼此后，再在真实世界里相遇。通过登记人们的兴趣和住地，Meetup 可以确定潜在的群体并帮助他们聚到一起。）那次我带着我公司 CTO 去了，那次上海聚会大概有十五六个人，中外各占一半左右，大家聊得还是比较开心的。我当时就在想，我们中国人搞的技术活动很少有老外参加，但是 StackOverflow 在 MeetUp 上搞的活动，老外居然有一半，这说明老外跟我们一样找信息有固定的渠道。

当我想要找老外的时候，我就想到了 MeetUp，于是我开始看在上海有哪些 MeetUp，不找不知道，一找才知道原来活动那么多，每天晚上都有活动。我就开始密集地去参加这些活动。

我参加过桌游活动，大概 8~9 个人里面，只有 3 个是华人，而且另外两个都是在海外多年，刚回来的。那次有一个黑人说是刚从美国来的 Java 程序员，我觉得大家都是同行就比较好聊，多问了几句。他说公司允许员工在全球任何地点远程工作，只要在固定的时间上线、下线就可以。于是，他就来了上海，每天上海的深夜他开始上班，第二天早晨下班（时差要配合美国的同事们）。

还有专门讨论 TED（技术、娱乐、设计）的主题活动，形式是主持人播放一个 TED 视频，然后在主持人的引导下进行讨论，有时候主持人会故意在放视频前先用一个问题引发讨论。我印象最深刻的一次，是主持人问大家讲故事的意义是什么。一开始大家说得还好，然后有一个美国大叔说，如果人类不会讲故事，经验就不会在一代一代之间传承。然后主持人问了一个问题，那么老狗可以教小狗技能吗？这算不算讲故事，还是说故事必须有虚构的成分？有一个人就站起来说，他知道一只狗，当主人给它骨头的时候它就会挖个坑埋起来。然后主人问他骨头在哪里，它就装傻。这时候，主持人说，这算不算是本能呢？有没有人能举一个动物可以骗人的故事，不是本能的？这时候有人站起来说，他见过朋友家的一只鹦鹉，主人在家的时候，就让它自由活动，不在家的时候，就把它锁在笼子里面。那天主人要出门，过来看鸟笼子，其实没有锁住，但是鹦鹉故意用爪子抓住笼子的锁的位置，好像是想拉开的样子，主人以为锁好了，就走了。然后鹦鹉就大摇大摆地走了出来。大家都乐疯了。

事后我特意跟主持人聊了一会儿，他在中国做程序员，以前他在美国是教科学的老师。他说他的主持方法就是美国课堂上的教育方法，老师负责抛出问题，学生可以从各个角度去表达自己的想法，老师不负责说对错，但是会根据学生的论点，提出一些新的问题，引发讨论的深入。

这个活动我去得很多，从一开始只能站起来说一两句话，到后来可以用蹩脚的英语说一大段表达我自己观点的言论。口语仍旧不流利，但是可以表达自己的观点了。我参与过很多好玩的讨论，宗教方面、慈善方面、NGO（非政府组织）方面、创业方面，很有意思。

后来有一段时间因为我工作比较忙，就没有参加这类活动了。但是我觉得口语已经开始过关，有了足够的自信心，也学会了一些简单的表达方式。更重要的是，我发现我在跟老外 smalltalk（寒暄）方面很不自然，而TED讨论那种类似辨论的场合反而可以侃侃而谈。我仔细思考了一下，其实我在中文世界也是如此，除了跟最好的朋友以外，跟一般人都很难扯天气家常，要么是辨论，要么是给别人灌输才是我擅长的。但是，我已经知道怎么练习口语了，我连老外都不需要了。我开始在看英文书的时候刻意用读的方式大量朗读，果然再遇到老外聊天的时候，就更自然了。

后来我有个朋友“人字拖二号”，想拉着我做中文Podcast，但是被我说服，跟我一起做了英文Podcast，他以前是在加拿大留学的，刚毕业几年，是国内那种比较少见的留学的时候没有混在华人圈子，而是跟老外玩得铁熟的那种。我们做了几期节目，全部都是土生土长的老外，和我们两个聊天，“人字拖”的英语更流利，他负责做主持人，我听力了得，基本上老外聊啥都听得懂，我就只负责在我觉得有趣的时候，插入一些好玩的问题。比如，我们第一期找了一个在美国做医疗用品生意的朋友，他以前是读生物医药方面的博士，学识很好。他给我们介绍奥巴马的医保方案，我就很好奇。因为我们听说过很多关于美国急诊室的故事，比如不管病人有没有钱，都必须治，问他是不是真的。又比如据说美国的急诊室人满为患，经常排队排到病都好了，还没轮到等等。我又跟他讲了，中国最近出了些很好玩的案例，某医院门口来了一个病人，医院把病人放上车，送到别的医院等等，我问他美国有没有这种情况等等。

他很多年前来过中国，对中国印象还不错，而且觉得中国的各种发展中的问题并不严重。于是我就问他知不知道黄浦江上漂猪的故事，等等。

这个Podcast也是我练习英语的一种方法，让自己在一种真实的场景里面去试图讨论问题，从而锻炼英语水平。

前几个月，我经常参加的一个老外为主的技术社区活动 CocoaHeads（可可头聚会）上海的组织者说缺演讲者，我就报名说想去做一个演讲。他同意了以后，我就花了一个晚上，把我一个曾经用过的中文技术演讲的提纲全部改成英文的，然后去演讲了。我那天非常紧张，表达很不流利，但是基本上把要讲的技术细节都讲了。因为我们的技术方案非常有趣，而且非常有挑战，讲完以后，老外们问了好多问题，我觉得非常有收获。

我的口语完全谈不上流利，但是因为我的听力基本上过关了，我的表达也可以用各种曲折的方式表达出全部的意思，我觉得口语算是过关了，可以跟老外进行没有歧义的沟通了。以后的练习就在多朗读和多跟老外扯淡了。

前几周，我去上海 IAPM（新鸿基环贸广场）的苹果店蹭网，一个老外拿着自己的 MacBook air 来咨询，他说他的 Parallels Desktop 软件出现了故障，一旦打开 Windows 虚拟机，随便运行一个软件，整个 MacBook air 的磁盘空间就会从剩余几十 G 迅速减少到 0，然后，Windows 虚拟机就无法运行了。苹果店的“天才”（意为客服）们大概只能听懂 Parallels Desktop，但是讨论的时候，却念成了 paradise（天堂），而且连基本的看日志之类的调试方法都不懂。老外跟他们扯了几分钟以后，“天才”们只能搪塞说 paradise 不是我们苹果的软件，我们解决不了。我在一旁实在看不过去，就过去搭话，老外问“天才”我是干吗的，“天才”说我也是一个顾客，老外就开始跟我解释他目前遇到的问题。长话短说，最后我咨询了下我的朋友大别，因为我不用 Parallels Desktop，我帮老外清除了几十 G 的磁盘空间，帮他把 Parallels Desktop 启动起来，然后建议他 OS X 升级一下，Parallels Desktop 也升级一下，据大别说社区里面最近有人说 Parallels Desktop 老版本的类似 bug（漏洞）很多，但是升级到最新版本以后就没问题了。老外买了一个外挂硬盘用来导数据，说：“Thank you sir.”（谢谢你，先生。）然后重重地握了我的手：“You have a nice day.”（祝你愉快。）客客气气地走了。

其实我的口语仍旧要强调一下，很不流利，但是完全可以表意了，这就是我追求的状态，可以用英语做技术演讲，可以和老外聊技术问题，修老外的电脑，可以跟老外谈经济、社会和政治（在我们的 Podcast 里面做到了）。当然这样的口语也只是一个起点，有了可以自由沟通的开始，我相信我的口语还会继续进步的。

写作突破之路

听、读、说突破以后，我深刻地发现，写作其实是最难的。到今天为止，我的写作其实也不能算真的突破了，但是我找到了一条路径。

根据我听、读、说的突破过程，我认为想突破写很简单，就是多写。问题是怎么能多写？我很多年前就有英文 blog，写了没人看的话，我根本没有办法坚持下去。在这个时候，我就想到了 Quora。Quora 是一个社会化的问答网站，我很多年前就有 Quora 的账号，而且已经有 1000 多粉丝，但是我没有回答过几个问题。

于是，我去 Quora 回答了几个问题，但是还是没有人理我。我那 1000 多粉丝多数是中国人，而且早就不玩 Quora 了，没有人玩，我就没有兴趣写，该怎么办呢？我给自己设计了一个 Quora 突破计划。目标是在 Quora 上面再吸引 1000 个粉丝，回答 100 个问题，争取有些问题获得大量的投票。

这个计划的实施方式是：

第一步，找到所有 Quora 的优质用户，天天刷 Quora 的内容，看到某个答案好玩，点赞多，或者回答者的粉丝多，就加一个关注。到处寻找 Quora 推荐关注列表，把列表里面的人全关注了。找到 Quora 员工列表（几百人），全关注了。这些人有些出于礼貌也关注了我，我多了几十到上百个关注。更重要的是，我开始找到了 Quora 的好内容在哪里。这类社会化的媒体，如果你不关注对的人，你根本看不到好的信息。

第二步，给自己订了一个每天必须回答一个 Quora 问题的计划。

因为不是每个问题都可以回答，都想回答，所以，也就是说，每天至少看 10~20 个问题，才有机会回答一个。

第三步，在中文圈子里面推广 Quora。在我的推广下很多人都开始玩 Quora，他们很多也关注了我。

大概在一个多月以后，“人字拖”找到我说，Tiny 你的口语还不错，但是写作很差，你是不是没有用拼写检查工具啊？

我说，我在用操作系统的拼写检查工具啊。

他说那个差远了，他推荐了 1Checker（易改）给我，我马上用了用，果然很好用。我在用这个工具前，因为对很多表达模棱两可不敢确定，所以写回答的时候经常写得很短，因为写长了就不知道怎么组织了。而有了 1Checker 以后，我就开始能写很长的答案了。最好的一个答案是关于“Which are some of the character traits that most developers have in common？”（大多数开发者有哪些共同的性格特征？）的答案，总共有 387 个赞。

大概在三个月以后，我完成了 100 个答案，得到了 1400 个赞，粉丝达到了 2700 个，完全超额完成任务。

我的写作还差得很远，但是已经有一条道路了，这条道路跟听、读、说的练习一样，要点在于，我想上量，我就可以上量了。

总结篇

其实按照中国人的标准、老外的标准，我的英语都还差得很远。我觉得我自己听说读写都突破了的意思是，在我需要的领域，这四样能力都足够了，而且走上了可持续改进的道路。

总结起来说，我的学习方法要点有几个：

1．硬学。看不懂的美剧硬看，听不懂的 Podcast 硬听，看不懂的书硬看，聊不清楚的老外硬聊，写不好的英文文章硬写。

2．循序渐进。虽然是硬学，一开始绝对由浅入深，让自己时刻都有成就感。

3．追求最大的材料量。循序渐进的目的是一直都没有挫折感，所以可以用大量的时间去看美剧（至少上千小时），去听 Podcast（几百小时了），去跟老外扯淡，去写文章。

4．逐步改进，慢慢地从学语言本身，进化到学文化，学跟世界交流。这个过程越深入，学习的动力越足。

5．不急躁，不冒进，日拱一卒，不期速成。看美剧突破用了半年，但是一直看到现在。听 Podcast 突破用了一个月。口语用了几个月，写作用了几个月。听起来很浪费时间，但是几年以后，从对自己的能力提升去看，觉得自己花的时间并不多，很少，很值得。

6．保持快乐，所以可以坚持做终身学习。我的英语水平高吗？比以前高了很多。足够高吗？不够高。但是我可以自傲的是，现在我的英语学习是终身学习，你比我高，没关系，大多数人的学习速度没我快，而且不像我不停地在学习，总有一天超过你。（当然最重要的永远是追求每日超越昨天的自己。）

我小时候也算是应试教育的高手，大多数考试都能得高分，深谙无数的技巧，学习也没有觉得非常吃力，上课听讲积极，下课我一般都不做作业的（资深老拖延，从小学开始）。

但是，上大学以后，我就越来越厌恶去应付考试了，我只想去钻研我喜欢的东西——编程。那时候，我没有一个明确的概念，我这辈子会怎么样。我非常的迷惘。

但是，这么多年过去以后，我见过太多跟自己类似的人因为终身学习而受益，而改变命运。我现在笃信每一个人都是应该终身学习的。

终身学习听起来很可怕，很漫长。但是，如果你转换思路，想明白这世界本无尽头，学习也必然没有尽头。但行好事，不问前程的话，你的内心也可以获得一种别样的平静。

不管世界如何喧嚣，不管亲友怎么暴富，回到自己做标尺，把改造自己当作终身的事业，我们仍旧是可以内心平静地慢慢前行。

经常有人问我，我就是学不下去该怎么办？

以前我有点儿不知道该怎么回答。但是回到终身学习的逻辑去看，学不下去就不要学，找点儿你学得下去，你喜欢的东西去学就是了。

开始我学英语也有些其他的目的，但是慢慢地发现了美剧之美，发现了英文书之广博，以及与我们现有世界观的差异，我就没有其他学习的目的了，考不考得上雅思不在乎了，我就是需要英语作为我打开世界大门的钥匙而已。所以，后面学英语最快的阶段，其实我不是在学英语，我在学习这个世界的任何一个我感兴趣的方面而已。

所以，一切痛苦都不是痛苦，一切辛苦也都是快乐，所以，我用一页查 8~9 个单词，10 多分钟看 2~3 页的速度看完了《大争论》以后，没有觉得任何痛苦，只有得道一般的快乐。

掌握“学习曲线”，享受终身学习

什么叫作“学习曲线”？横轴是时间，纵轴是能力。

我相信我们在校学习和工作的第一年一定会学到很多东西，但是我见到的很多人工作1年、10年、20年是完全一样的。我认为终身学习的人的学习曲线应该是没有尽头的。

有人在论坛上问，现在硅谷都在宣扬二三十岁创业、成功、成为明星的例子，有没有人能够给我举一个四五十岁成功的例子。就有个人回复：“我在42岁创办了Craiglist。”（Craiglist是分类网站的鼻祖。）我当时就蒙了，我才36岁，我的人生才刚开始啊。

在任何环境中我们都可以观察，我认为在任何一个不断变化的环境中，终身学习者只能占1%。

我的结论是，由于你是一个终身学习者，你可以秒杀在任何一个领域里你的同侪。终身学习者是没有极限的。

我的另一个观察分析是，学习的方法有很多种。一般的学习方法是阶段性的，就是学一会儿，休息一会儿，再学一会儿。我们传统教育和我们推崇的人，通常是意志力非常坚强的人。

比如说我们要考试了，在一个星期之内从完全不懂到能够考试，那么我们的学习曲线将会非常陡峭。我觉得这是一个非常错误的示范。

大多数认为自己不聪明的人都在用一种错误的方法去学习。我经常遇到一些非常神奇的初学者，有人说“这本 iOS 书看了 3 天还没有看完”，我想问的是这本书是三天能学会的吗？这就好比你去爬珠峰掉下来了，然后你说自己是一个失败者。

其实，为什么要这样爬山呢？我一直强调大家不要急，为什么？

因为一着急你就会开始做错误的东西。一开始你以为你是神，可以在一个星期内、3 天内学会一个非常难的东西。一旦你做不到，你就会觉得你什么都做不到了。我觉得正是这样的原因，让大家以为自己不够厉害。

我觉得有了正确的方法以后，大多数人都可以攻克这个问题。我经常和很多人说，刚进入一个项目的时候，学习曲线要平，可怕的平。

比如像我这样一个人，一次就要走 3 万步的话，大家可能就会在急诊室看到我。那我第一次的目标是怎么定的呢？第一次我就背了个包，带了很多的补给，不知疲倦地从早上走到晚上，后来我算了一下我大概走了六七公里。我从来不知道我能走六七公里。

那么第二天我想既然第一天我走了7公里，那我今天可不可以走8公里呢？有一次我为了见一个朋友，跨了个江，走了十五六公里，我觉得我自己太厉害了，后来就一发不可收拾。

我觉得学习曲线一开始可以比较平，但是当你对一个东西了解了以后，到后面是一个加速度的过程。会学习的人在一开始都是非常慢的，再给自己设定基准，基于自己正反馈的空间，并且永远不会把自己控制得太狠，让自己一下子崩溃掉。

▬ 锻炼你的大脑

我对机器学习非常有兴趣。我觉得机器学习对我们理解人脑是非常有帮助的。

1. 机器学习：模型 + 数据量

机器学习主要有两个东西，一个是模型，另一个是数据量。当你选对了足够的语料、足够的数据量的时候，这个模型会越来越好。

我一直在想我们的大脑是一个什么东西。大脑其实是一个反馈的流程，大脑接受了一定的数据、一定的训练，形成了一定的理论，然后不断地去验证这些理论对不对。一个聪明的人大脑结构应该非常地清晰。

为了学英语练听力，我开始听一些 Podcast，一开始我发现我听得不太懂，但由于是自己领域内的东西，后来我都能听得懂；于是我开始听一些经济学的东西，发现一个有十几个字母的词我也能够听懂，我到现在都不知道那些词怎么写，但是我就是能够听得懂。

现在我验证了大脑是一个有无穷力量的机器，那我怎么去训练它呢？我觉得我听力有一定水平了，那我能不能够说英语呢？于是我就去参加上海老外的聚会，从一句话不会说到能够和老外争论宗教的问题。

我始终觉得我的词汇量是一个问题，那我又开始读英文书，现在我可以看哲学等比较艰涩的书籍了。那后来我发现我要练口语的一种方法，原来一开始我要培养即使看不懂也能读下去的一种感觉，现在我遇到每一个不会的单词都要查，于是我感觉我的口语又在慢慢进步。

2. Think fast and slow：避免远古大脑，唯慢不破

我们有两个大脑，一个大脑深思熟虑、功能非常强大；另一个大脑比较像远古的动物，不太懂事，但它非常快，有点儿像反射。通过这个理论我想明白了我们为什么会产生争执，原因很简单。比方说有个老外说："你们中国人……"我们的另一个大脑就会想："你怎么了，又想说我们中国人了吗？"但其实他都不知道那人是要说中国人好还是坏。

很多时候呢，我们都会陷入一种情绪中，都在用大脑最快但是最愚蠢的部分。所以我在想，我能不能降低我的反应速度，把每一句话都听完，把每一件事情都想完，再回答，就是先听后说。后来

我有个理论叫作“不争论”，这也是我们论坛的宗旨，即使你跟上一个人的发言有多大分歧，你都只表达自己的观点是什么，而不是说“某某某的想法是错的”。

因为一旦说了这么一句话，就会陷入一种以“说服对方”“压倒对方”为目的的讨论中。实际上我认为每一个讨论的人都会有一些不对的部分，不可能全对。所以我们都在一种不争论或者深思熟虑的环境下，给予大家充分的表达空间，你总是能够收获一些。

我觉得成长就是我们不断去接受这个世界分散在很多人、很多书、很多理论里的信息，信息量慢慢地增长，让我们的大脑不断进化。

再回到大脑进化这个问题。我在有个阶段认为，我们大脑的模型进化我是有感觉的。我觉得我的英语听力上升的时候，莫名其妙觉得我的粤语听力和上海话听力也在上升。

你的大脑其实就是一个复杂机器，当这个机器越来越好的时候，不光是对某一个具体的问题有好处。所以我在追求让大脑更复杂更进化，帮我来解决更复杂的事情。

3. The power of habit：把好变为习惯

最后一个是《习惯的力量》，其实这本书的观点与《思考，快与慢》是相反的。它认为我们的习惯存储于我们大脑比较古老低级的部分，比如反射。

《习惯的力量》提出了一个我们怎么把一个回路放到大脑古老部分里去的方法。放过去的好处在于，习惯意味着我们做一些事情就会变得很容易。我觉得这本书可以和《异类》一起看：无论任何时候你只要觉得难受，你的大脑就在进化；无论任何时候你只要觉得轻松，你就都是在使用你的习惯。

但这两种理论对我们都有非常重要的意义。我在想我可不可以用这个理论改造我的习惯，这个理论的内容是：习惯有三个要素——触发条件、流程和奖励。

我拿这个理论去改造我的走路行为、学日语的行为，效果都非常好。我现在每天大概都能够学 40 分钟的日语，我能够看到我的日语水平在提升。

结束语

大脑 hacking（破解）的理论虽然不够完美，但是我们可以不断地去验证。

我可以试试看心平气和地聊天是不是能够更好地交流；我可以试试习惯的理论能不能够把一个我不想做的事情很容易地做到，而一些不想有的坏习惯能不能够戒除掉。

我想写一本关于方法论的书，很多人或许会叫它“鸡汤”，但我觉得只要它能够改变别人、改变我自己，那就是对的。

二手知识的问题

一些日子前，在知乎上有人问为什么有人对罗振宇的《罗辑思维》评价不高，我贡献了如下的答案：

罗振宇讲得还是不错的，虽然学识不够，啥都讲容易出纰漏，但是不能不说讲得不错。

但是问题在于，这个节目的立意是让人听罗振宇看了一本你本该看的书（或者是他的知识助手看了，写了提纲给他）。也就是说这是一档追求二手知识的节目。我看了这么多年书的最大体会就是，千万不要听任何二手知识，哪怕给你讲的人是一个圣人，二手知识也是二手的。

一定要自己去看书，去看一手的东西。

回答的时候，正好是我搬家期间，心情比较郁闷，所以也懒得写太多。

其实本质上讲，我认为《罗辑思维》做得很不错，商业上貌似也很成功。但是，对每一个有所追求的人来说，也就是我默认的我的读者来说，我觉得看《罗辑思维》是远远不够的，甚至是有害的。我本以为我的答案写得虽然很简单，但是逻辑很清晰，大家会看得明白，谁知道评论里面表现出来很多人对二手知识这个概念的陌生，也缺乏思辨能力，所以，我觉得有必要好好讲讲二手知识这个问题。

信息传播的进化和衰减问题

所有的知识其实也都是信息，信息在不同的载体之间，通过不同的介质传播的时候一定会产生损耗。

不知道你们小时候有没有在学校里做过一个游戏，就是5~6个同学站成一排，老师把一句话，耳语告诉第一个人，然后，一个人告诉另外一个人，最后一个人站出来把那句话大声地说出来，然后老师公布原话，结果往往都非常爆笑。

老师写的如果是“告诉小明明天要到校”，最后传出来的也许是“听说小明上课爱尿尿”。

我自己亲自玩过几次这个游戏，也在电视里面见过几次，结果无一例外。这个非常简单的游戏其实就是跟我们讲，在传播的过程中，信息往往是会衰减和走样的。而仔细分析的话，你会发现，衰减和走样的程度，是随着传播链路的节点数指数增长的。

在没有外力的作用下，传播的最好结果是完全不走样，最差结果是完全走样、信息尽失。

但是信息也是可以进化的，在一定的规则下，一定的逻辑下，信息是可以在传播的过程中进化的。比如，人类最早只是偶然知道肉烤熟了可以吃，但是每一代的人类在传播熟食这个信息的时候，就做出了自己的努力，今天我们吃到的熟食种类，可以吓死我们的老祖先。这些信息，在传播的过程中，经过了传播者的收集、整理、再加工、升级，慢慢地行成了人类灿烂的饮食文化。

再比如科研论文体系就是一个信息进化的体系，一个古人对于一个问题做了一些研究，写成论文，后世的人不断引用、比较、提炼、发展，用思维和试验得到更好的方法和结论。

教科书里的二手知识问题

我国的二手知识问题实际上是一代一代传承下来的一个老问题，我们的教育系统对此功不可没。

我当年高考的时候分数太低，没有办法报一个哪怕是最烂的学校的计算机系，所以，我报了机械系。因为我从小对机械也是很感兴趣的。我想象中的机械系设计课的课堂，应该是像不可思议的机器游戏那样，充满激情，充满创意，迸发无数灵感和知识的天地。

但是实际上，真正上课的时候。老师说，我们的设计都是模仿设计，因为西方的科技比我们先进，我们都是模仿。我们的第一门功课就是买或者弄来一个外国的机器，拆开，测量，然后画图，然后生产。当然因为我们的材料和工艺有问题，完全按照外国机器的尺寸做出来的东西往往是用不了的。所以，我们用安全系数，1.5~3倍，别人的轴10厘米，我们就弄一个15厘米的轴。我们的设计公式也都是一些经验公式，里面没有什么道理，大家记住就是了，这不是门很难的课……

是，没有什么难度，但是我对这个行业和这门课，在这一个瞬间，就彻底失去了兴趣。

当然，平心而论，在科技水平不行，经济落后的年代，这样的思维并没有太大的问题。但是，杨小凯曾经论证过的后发劣势就是在说，一开始模仿无所谓，但是当经济和科技水平提升以后，还是不去探求人家为什么有创新科技发展和经济发展发动机的原理，一味抄袭的话，实际上是在浪费自己的时间和精力。

我们的很多大学教材，都是引进了西方的经典教材，但是版权费用比较贵，然后老师再进行重新整理，重新出版（当然这也是赚钱的好办法）。我对比过一些这样的教材，原生的教材内容丰富有趣，我们的教材充满了没有道理的公式，看起来非常实用，但是完全没有了灵魂。

我们可以教育出一堆工匠，但是教育不出来几个有灵魂、激情澎湃的创作者。

崇尚二手语言的教育和文化

我们教育的另外一个倾向就是喜欢教人说假大空的话。从小学开始，好的作文往往是，“今天天气非常晴朗，我们学校举行运动会。学校操场上彩旗招展，迎风飘扬”云云，完全不在乎那天是不是真的晴朗，是不是真的有彩旗，谈到奥运冠军一定是“凝视着冉冉升起的五星红旗”等等。

很多人到了今天，已经二三十岁了，仍旧学不会自己怎么说话。我们搞乱谈会的时候，因为乱谈会的一个宗旨是“用自己的话说，只说自己的感受，只谈自己不谈别人，不谈行业”，我就不得不经常打断很多人的发言。比如谈个人成长的时候，总有人会说，“现在的年轻人 ××××，行业 ××××，很多人说 ××××，李开复说过 ××××”。我说，请谈你自己怎么看这个问题。很多人就会一时语塞。

每个人都是独立的个体，你没有自己的想法吗？当然有。但是当你长期用别人的话去说话的时候，你就慢慢地把自己的思想给禁锢起来了。思维可以塑形语言，同时语言也会塑形你的思维。慢慢地，你就没有了自己的思维，做任何决策、想任何问题的时候，你的出发点都变成了我妈会怎么想，同事会怎么想，朋友们会怎么想，老板会怎么想，路人会怎么想，慢慢地你就失去了自我。

之前我在谈读书的时候，经常说，以国人的平均阅读数量，对大多数人来说，没有别的建议，就是多读书。

有人就说他觉得有些人不应该多读书，读多了就傻了，脑子里面都是冲突的东西，说起话来都是矛盾的。

我的看法是，问题不在于书读多了，而在于根本没读懂书。我们有种崇尚会背语录的读书文化，以为可以随时随地拿出一两句哲学家的话，或者某本小说里面的精彩段落，就说明你知识广博。其实问题恰好不是这样的。

读一本书是要了解它的精髓，明白作者的心思，明白为什么这么写，学会一些思维方式、方法论或者一种思想感情，而不是会背几个段落。

这种人的问题不是读书多，而是把书读死了，喜欢炫耀二手知识。

为什么我们要追寻一手知识

什么是一手知识呢？你亲眼所见，你亲自试验的当然是一手知识。

那么看书看来的东西是不是都是二手知识呢？当然也不是。如果你看书的时候，真的加入了自己的思考，用思维或者实践践行了书里面的理念，那这本书，就真的被你看懂了，那就是一手的知识了。

比如，我之前去香港买了本英文版的《习惯的力量》，看的时候，我就发现对我理解我自己和我的一些习惯确实很有好处。于是，我就试图用书里面的理念去指导我怎么走路锻炼，怎么看书，怎么学习，怎么戒除我的一些坏的习惯等等。经过了大半年时间的试验，我觉得这本书虽然花了10美元左右，但是太值了。它带给我的不仅仅是一些阅读的快乐，而且帮我找到了一个解决如何持续有效做事情的方法，如何增强自己纪律性的方法，这本书甚至对我的管理风格形成都颇有好处。

我也推荐过一些朋友看此书，也在微博、微信分享过一些片段。我在《学习曲线与 hacking 大脑》的演讲里也专门提过这个理论，作为 hacking 大脑的三个方法之一。

这时候这本书就变成了我的一手知识。

当然，我也可以随便看两眼，写一篇3000字的书评，然后貌似公允地说，“这本书文笔流畅，清新隽永，理论新颖，但仍需验证”。做一个这样的姿态不难，但是就违反了我要去看一本书的目的了。

最近这两年，看了不少书，但是我刻意地不去写两种书评，第一种就是刚才提到的这种居高临下的看似公允的、一分为二的书评。这种我要写的话，一天可以写5篇，但是这种东西信息量为0。

另外一种就是摘抄式的书评，试图找出一本书里面的全部干货，去掉作者掺的水分。

国人颇有一些人很喜欢这一种书评。我见过很多人在豆瓣里面评论一本书，大概说话是这样："道理不错，但是太简单，几页就可以说清楚，作者啰啰唆唆举了那么多例子，有骗稿费之嫌。"

这是一种很愚蠢的思维方式。这就是喜欢被二手知识骗的表现。其实听起来很对的道理，我给你写的话，一天可以写 1 万条。但是有什么用处呢？一个道理，如果没有事实去支撑的话，可能就是胡言乱语。而且也没有了去证伪的基础，也就变成了纯粹的 bullshit（垃圾）。

我对所有我喜欢的书，就是一个建议，请去看原书，如果我的评价吸引你了，请你看原书，我能告诉你的，只是那本书的一点点信息，而且是经过我传播的、走了样的信息。这本书到底好还是坏，你会有你的内心感受的，那是最重要的。

一 学校教育的价值

我们国家的学校教育体系问题颇多，尤其是，没有帮助大家建立培养起来自学能力。但是，也有很多合理合情的部分。大多数人都低估了我们学校教育的成果。你觉得你习得了中文的听说读写是很容易的事情，实则不然。如果你仔细回忆，或者你观察刚上学的孩子，你可以发现学龄前是有足够的听说能力的，但是对大量的概念、知识没有任何认识。这是因为学龄前我们的信息接收渠道是大量的、非刻意的学习，这是学习语言听说最好的途径，大量领域相关信息（你听到的几个家人、朋友说的东西，总是在某几个特定的领域），信息量大量冗余，无限度的日常训练（听了 6 年，说了 5 年多）。

但是，在这个时候你学习读写的困难其实是巨大的。所以，你仔细观察的话会发现，小学一年级的课本只有非常少的汉字，不断地重复（我小学的时候，一年级只有40个字）。所以，实际上这是一个非常平的学习曲线。但是，随着你的年龄和学历的增长，语文教育有意无意地慢慢扩大你的词汇量。如果你有自己的阅读兴趣的话，你的词汇量增长是不可抑制的迅速。但是无论如何，到了大学毕业，中国人普遍应该可以认识5000个左右的汉字。

学校教育的两大价值就在于，首先你学习的知识体系是阶梯形进步的，其次老师通过课堂记录、课后作业、各种考试，提供了一定程度的强制性，保证你有足够的学习量。

这两件事情是不可替代的吗？从乐学的学习曲线来看是不可替代的，但是并不是说这两件事情必须由学校、培训机构、导师来提供。

我崇尚自由。自由有很多种级别，就学习来说，你可以选择学习什么东西的时候，你获得了一层自由。但是，如果你的学习能力不能满足你的兴趣的话，你的自由是受限的。所以，我一直在锤炼自己的自主学习能力，当这个东西突破后，我就获得了第二层自由。而第三层自由往往是，如果你视野不够宽广，你根本不能做真正的自由选择。你根本不知道你最喜欢的那个选项，因为那是你完全不知道的一个选项。所以，我英语学好的目的不是为了找份工作，为了具体的使用，而是为了可以在各个层面，让我可以获得最好的材料，最及时的材料。

这三层自由在手的时候，在我看来在这个层面就活开了。我认为我已经活开了，我深感愉悦，也希望大家有机会能慢慢突破这三层自由面前的界限。

所以，我一直说我不需要导师，我学习东西快，这跟聪明与否关系真的不大。

我学习任何一个新的领域，会用非常愚蠢的方式入手，不在乎一开始的得失，前面的路径越平坦越好，第一步越简单越好，然后进行几步以后，才开始思考是否有优良路径选择的问题。

在整个学习过程中，我会人为地设计路径，会一步一步地让自己获得更快的进步，但是前提是每一步都是快乐的，一点一点地提升难度。曲线的斜率是越来越陡峭的，虽然一开始极其平缓。

同时，任何一个我不能设计出可以反复练习和进行规律时间学习的领域，我根本就不进入，除非我找到可以规律性学习的方法。

再谈一两句信心问题。我多次谈过我的 CTO，大家可能对他有了一个错误的理解。他现在很棒，但是一开始他的起点低于很多很多的人。

他在泉州一个很烂的大专毕业，学校本身没有会编程的老师。毕业后，这个孩子找不到出路，在学校的机房做了半年管理员。后来去电脑城打工都干不下去，被开除。后来自己在家里迷惘了半年，学习了半年 iOS。

他来上海见我的时候，iOS 水平并不比 OurCoders 论坛里面的任何一个初学者好。我看重的是他可以在非常困难的条件下学习，肯于学习，但是并不代表他学得已经很好。

他和我都知道的一点是，以他当年的简历、背景、水平和沟通能力，他在上海找到工作的概率非常渺茫。

在我跟他共事的过程中我发现他不喜欢抱怨，喜欢自己默默地把事情做好，不会就去钻研。这点我很喜欢。于是在公司的工作上，我刻意地去给他设计了逐步提高的难度。

如果他是那种做任何一点儿自己不会的东西都不肯做，都做不好的孩子，我可能早就把他开掉了。

可以说明的是，这样的教育对大多数人都有价值，只是你遇到我这样的导师的机会是 0。可是我做的导师的工作里面最重要的是什么呢？是逐步提高难度。这事儿你自己真的不会做吗？

前提是你肯努力，你愿意吃这些所谓的小苦。然后，后面的东西跟你聪明与否关系不大，就看你做事情有没有方法了。

一 学思关系以及阅读中的模型和数据

孔子说，学而不思则罔，思而不学则怠。

我们上初中的时候，这是课本上有的，必须背的，我不知道现在的年轻人学过没有。这两句话非常简单，但是讲出了很深刻的道理。

学而不思则罔，就是说你光学习，光看书，不思考，就会迷惘。我们在一生里面其实经常遇到这样的读书人，他们可以非常轻松地引经据典，但你就是觉得他的思维没有深度。他们读书是记忆化，没有思考，没有理解。他们往往记忆力超群，在一些辩论里也可以靠各种语录获得胜利，但是先贤到底在说什么他们并不知道。

人类历史这么长，经过了无数次的变化，各种先贤的理论至少在字面上是冲突的，为什么会有这种冲突他们理解不了。各种理论为什么会发展，他们理解不了，这样的人，容易变成一台复印机，或者是疯子，因为他们看书看多了，看了太多矛盾的东西以后就会不知道自己该怎么自处了。

有人说运动可以减肥，有人说少吃肉可以，有人说不要吃糖，有人说要吃肉，这就是“罔”。想要不“罔”，就需要自己对世界有一定的认识，对看的书有鉴别能力，有融会贯通的能力，有思考理论发展的原因状态的能力。当然这些都来自学之后、看书之后要思考，思考了以后，老师说的话，书里面的知识，才是你脑子里面的东西，而不是教条，不是一些让你糊涂的理论。

从孔子这半句来说，我们也可以把“思”广义化，用自己的实践去验证一个理论，也是思的范畴。我在看经济学的书，就会用学到的理论试图分析在现实生活中我遇到的问题，这也是思。而去旅行，去见世面，去了解不同的风土人情，跟书上的描写做对照，这也是思。

思而不学则怠，就是你光思考，不去学习，不去看书，你就在浪费生命。我们身边也经常会遇到这样的人。他们对人生的意义非常有兴趣，喜欢各种胡思乱想，经常想破头也想不明白，陷入各种情绪之中，但就是不知道找来一些最基本的哲学书入入门。

人类文明出现有几千年了，但是从进化论的观点，现在的人类和几千年前茹毛饮血的祖先从生理上和心理上都并没有太大的区别。为什么祖先只能吃生肉，你可以享受各种各样的先进科技？为什么祖先只能走路，穿的鞋子就是草编的，你可以穿 Nike（耐克），可以开汽车？这些都很简单，因为人类一直都在传承文明，传承经验，每一个人从出生到长大都需要接受教育，不管这个教育是在贵族学校，还是在野地里。最初父亲穿着兽皮教儿子如何打猎，自从有了文字、文字的存贮介质（泥板、莎草纸、甲骨、纸张），人类就可以非常轻松地把上一代的经验通过书的形式传承下来（你可以想象比口口相传强大多少）。实际上，每一个大学毕业生，理论上都是集合了人类几千年精华于一身的人。但是，在学校教育之外，还有浩如烟海的人类的经验集成，在图书馆、在书店里，只要你想学，你都可以学。

可是，如果你只思不学，你就是狂妄到了以为每一件事情你都可以跳过几千年的传承，自己找到一个答案，或者新的解决方案。当然，如果你是不世出的天才也许有戏，但是对大多数人来说，先去思考，然后看书，吸收前人的经验，然后提出自己的答案和解决方案是更靠谱的。实际上，真正的不世出的天才们，爱因斯坦、牛顿、亚当・斯密、图灵、冯・诺依曼等等，没有一个不是擅于利用前人成就的人。

合理的看书方法是，看一本书，然后吸收消化它，变成自己的理论，去验证它。同时，不断地吸收不同人的观点，观察世界，产生新的疑问，自己进行一定的思考，寻找合适的书、理论和牛人，去试图解决这些疑问，然后试图发展这些理论方法，循环往复。

阅读中的模型和数据 一

我在一段时间里大量看机器学习的书和视频，事实上，所有的机器学习问题都是在模仿大脑，要做人工智能。所以，我们从这些思想和方法上也可以反过来对我们的大脑有一些理解和认识。

按照机器学习的理论，一个机器学习系统，往往是模型+数据，比如你用一个贝叶斯模型训练一个垃圾邮件分类器。你选定一个模型后，数据越多，往往结果越准确（当然也有过拟合问题，这里不讨论了）。而假设数据总量不变，你选取更好的模型，或者说，同一种模型更好的参数，结果也会越来越准确。

可以类比的是，我们上学学会了数学，也学会了物理，也学会了语文。这些不同的学科，实际上是不同的模型，用来解决不同的问题，你要是用错误的模型去解决问题，结果当然不好。

人的大脑比机器目前强大的地方是，人的大脑没有固化任何模型，老师可以教你任何一种知识，这些其实都是不同的思维模型。

回到看书来说，我认为看书给你的收获，一般情况下有两种。第一，改造你的思维方式，给你新的思维模型。第二，在现有思维模型下，给你数据，让你对现有模型更精通，更确信。

看书，我认为如果能追求到数据增长，就已经是好事儿了。但是，最重要的追求是模型增长。这个世界没有绝对真理，所有的信息、经验、Know-How（技术诀窍）、对人有用的东西，散落在这个世界的各个角落，在实践中、在书籍里面、在文章里、在很多人的脑子里面。我们慢慢地学习成长的过程，就是不断汲取这些东西的一个过程，随着你越来越逼近这个世界的真相，你就会有越来越大的能力，所以核心还是怎么看待这个世界的问题。

当你看书，可以看到一些让你的模型获得成长的书的时候，你会有感觉的，你也不会担心如何外显的问题。所有跟我聊天的人，不需要我去外显什么，他们会沉浸在跟我的交谈里面，觉得受益匪浅，然后不断地想约我聊天。

理性地设定目标

从概率上讲，大多数人都找不到永恒的爱情，那么是不是就意味着要停止追寻？每一个人都有自己的答案。

这世界非常的不完美，有太多的问题，我们每个人都不完美，都有点儿问题。但是，so what?（那又怎么样？）

当你寄希望于可以很轻易地解决一切问题的时候，更容易受到挫折。

这个世界的不完美，就像一个在无限远处但无比明亮的灯塔，指引了一个方向，让你知道虽然穷一生不可穷尽，但是一直可以在前行。我们自己的不完美也如是。

从接受自己和接受当下开始。

有人问，如何理性地设置目标？

首先，我想讨论什么是目标。如果一个理想太远大，你怎么也达不到，这是不是你的目标？如果一个目标太简单，你轻松可以达到，这又是不是你的目标呢？可能是很多人的疑惑。

在这个世界上，大多数人都是被动学习者，这样的人，在整个上学期间都在学习，因为有老师、考试的监督，他们往往可以获得一个还不错的成绩，从而一直都在成长。

不管我们的教育体制有着怎样的问题，你不得不承认，我们从小学到大学毕业，从不识字的文盲，变成了小知识分子（按照以前的定义，高中毕业就算知识分子了）。不管你记不记得住，我们都从对这个世界一无所知，变得上知一点儿天文下知一点儿地理。

但所有的学生就业的时候，都会遭遇一些挫折，发现自己在学校所学的东西往往不能跟工作所需完美结合。所以，出于不被开除，或者希望在公司出人头地的目的，大多数人会在进入工作岗位的第一年，努力学习工作所需要的知识、技巧和 Know-How。

然后呢？然后就是同样的工作经验用上 10 年、20 年直到退休。

这是因为，在我们没有工作前，父母和社会对我们最大的期望是考上大学。当我们大学毕业后，父母和社会对我们的最大期望，是找到一个好的工作，并一直做下去。大多数人的前进之旅就在这两个宏伟目标达成的时候结束了。

而终身学习者，是不可阻挡的力量，他们的特点就是永远都在学习，永远都在成长。

从目标制定的角度来讲，我们的第一个结论就是，不要给自己一个太容易实现的远期目标。或者说，远期目标要尽可能地伟大，不可达到。或者，达到后，马上找一个更伟大的。远期目标应该是北极星，它存在的目的不是为了达到，而是为了指引你前进的方向。

我们再说近期目标，近期目标一定要是可以达到的。每完成一个近期目标就是一个成就，就是一个 milestone（里程碑）。近期目标存在的价值是寻找前进方向的最佳路径。

人是这样的一个动物，我们本质上没有极限，奥巴马跟你的 DNA 没啥不同，迈克尔·杰克逊跟你也没有什么本质区别。人可以做任何事情。

但是，人首先需要信心和安全感，才敢去追求自己想追求的东西。我们去做一件事情的时候，如果你做成功了，你就获得了成就感，这种成就感会让你产生自信心，激励你去更努力地做下一件事情。这叫作正向循环。在正向循环的驱使下，不断地增加难度，我们就可以慢慢地增强自信心和能力去完成任何不可能完成的任务。

很多人因为在学习和工作中受到挫折，就丧失了自信心，不再继续努力，又怎么能前进呢？

但是，值得注意的是，很多人经常遭受挫折，不是因为他的心理素质有问题，也不是因为他能力不行，而是因为他没有正确的学习方法。

举个例子，我经常发现一些遇到挫折的初学者，问题出在短期目标太过宏大。

比如有人跟我说，Tiny 老师，我花了 3 天还没把《iOS 编程入门》看完，我是不是太笨了。对，你太笨了，你笨的地方不在于你理解能力差，而在于你以为聪明人就可以在 3 天内看完一本技术书。谁也做不到的，你做不到，并没有什么可挫折的。再或者说，假设一个牛人可以在 3 天内看完这本书，而你用了 30 天，但是，如果你们的吸收程度是一样的话，他只是看得快而已，在做工作上，也不会比你强多少。当然，这也是急躁造成的一种问题。

学（做）任何一个有难度的东西，我们应该首先设置一个非常小的短期目标，比如写一个 Hello，world（“你好，世界”，世界上第一个电脑程序）。通过实现这个短期目标获得成就感，走入正向循环。然后一点一点地给自己提高难度，一点一点地增加挑战。这样做的好处是，你永远在正向循环之中，永远有成就感，不会觉得疲倦，也不会有挫折感，而且只要你在每次循环后都追寻一个更高的目标，你的学习速度是先慢而后快的。后面你的加速会吓到别人，做对了你的学习曲线应该是一个二次函数，后期增长非常惊人。

所以，简单地说，结论是，短期目标一开始要足够低，低到无以复加，然后慢慢提高，慢慢提高，追求在整个提升过程中，始终保持每一个短期目标都可达成，从而进入长效的正向循环之中，追求“乐学”和先慢后快的加速度运动过程。

一 追求积累的力量

前两天在微信公众账号发了一次语音，后台有一个女孩儿留言说她是听障人士，听不了语音，希望我还是多发文章。

最早我的公众账号只发语音，因为我懒得打字，觉得每天录一分钟的语音还算是一个我可以坚持的劳动。最近总是发长文章，是因为经过一段时间的绞尽脑汁发语音，push 我自己不停地去思考终身学习和自主学习的方方面面，而大家的反馈，也不停地让我去反思。经过了这几个月的积累，一些问题慢慢地在我的大脑里面越来越清晰，所以，可以轻松地写成长文。我会尽量追求每一个语音内容能扩展成一个长文，最终集结成一本书，希望从每一个不同的角度去讲清楚，我们为什么需要终身学习、自主学习，以及我们应该怎么终身学习和自主学习。

但是，仍旧需要一遍一遍强调的是，这里没有任何捷径，我不知道任何捷径，我也不相信任何捷径。我想讲的是方法论，我希望找到可以让我们尽力发挥我们本身能力的方法论，但是没有一个方法论可以代替努力本身。

我也曾经年轻，我也喜欢捷径。我大学以前，数学都是尖子，学有余力，最喜欢看的就是各种技巧，各种好玩的东西。直到我工作以后，我还经常幻想，一夜之间，因为参悟了什么道理，或者捡到什么宝典脱胎换骨，超凡入圣。然而，我可以用30多年的经验告诉你们，这是不可能的。

我年轻的时候，一直喜欢耍小聪明，喜欢机锋，喜欢在口舌上占便宜。我还一直喜欢炫耀别人做一件事情需要几天，我只需要几个小时。但是到了现在，我才明白这些东西并没有任何价值。

这些年我一直在改变，一方面可能是因为年纪大了，另外一方面可能是因为在创业中经过了太多痛苦和挫折。

年轻的时候，我以为成功是一个结果，是一个我们可以用毕生追求的目标。然而，最近几年我才明白，成功只是完善自己道路上的一个过程，没有尽头，爬上了一座高山，还有另外一座高山在等你。每一次获得成功之前，都无比重要，获得之后，无非就是一个廉价的回忆而已，你要追求的是自己的不断改善，这才是无尽的旅程。

一 读书的时候我们在读什么

我的英文 Kindle 里面有 100 多本书，看完的有 10 来本的样子，还在一本一本地买，一本一本地看。

书的意义怎么往大里面说都可以。当然，今天在这个文章里面，书并不仅仅是指的纸书，也包括电子书，甚至也包括网络上的一些文章（但仅仅包括那些组织比较严谨、不流于表面的文章），以及 YouTube 上面的一些视频。

人类和动物的区别

之前我在参加上海的一个外国人和中国人各占一半左右的聚会的时候，主持人提出了一个问题：什么是讲故事，对我们有什么意义？我本来以为这个题目没啥出彩的。谁知道，第一个站起来说话的老外，就把讲故事的意义推到了人类起源的级别上了。

他说，人类和其他动物的区别在于人类可以讲故事，而动物的语言比较简单，无法做太复杂的交流。我们可以想象一个远古人，他可以用讲故事的方式把他掌握的所有狩猎知识讲述给他的后代，这样他的后代就不用自己从头研究这一切。动物也可以传授一些技能，但是受到语言的限制，只能传授非常简单的知识。

语言当然有它的局限性，效率低下，不能直接保存，只能靠一代代口口相传。幸运的是，人类后来创造了泥板、莎草纸、甲骨、竹简、纸等等传输介质，用书的形式把很多很多信息知识记录了下来。

现在任何一个考得上大学的年轻人，都可以在大学学习微积分，而微积分这门学科出现在 17 世纪，也就是说，在 17 世纪以前，即使是最伟大的数学家也不会这门学问。因为书籍的传承，我们才能站在牛顿和莱布尼茨的肩膀上去认识世界，改造世界。人类文明发展到今天，任何一个普通人的生活的便利，都是无数代人的努力和经验造就的，而这些都来自知识的积累和传承。

从个体上来看，人和动物的区别是，大多数动物都生活得非常类似。而人和人之间有本质的不同，随着科技和经济的进步，人和人之间在生理上的差异对人的生存竞争的影响越来越小。换言之，就是知识改变命运，越来越容易。当然，在国内有一种误区，以为所谓的知识改变命运，指的就是上大学改变命运，其实不然。学校教育是获取知识的最高效、最常见的一种手段而已。而大多数人被学校教育蒙蔽，以为离开了学校，就没有办法系统全面地获取知识。事实上，在这个时代，大学毕业，竞争才刚刚开始。

关于打折

每次劝孩子们不要在京东、当当打折的时候才买书，总有人说，我不是只在打折的时候才买书。但是，事实上，很多人仅在打折的时候才想起，自己需要看书。买书、看书应该是一种习惯，一种生活方式。如果一本书不能让你毫不犹豫地买下来，你未来会把它好好看完的概率也不会太高。

其实也不是说你就不能买打折书。问题在于，任何一本好书的价值都远大于它账面上的价格，在这样的情况下，迅速获得一本好书，获取其中的知识，从而提升自己的价值，才是更合理的决策。或者反之，如果你觉得一本 100 元的书，只有打折到 20 的时候你才买，也就是说你认为阅读这本书带给你的价值只有 20 元。那么在这种情况下，我只想劝你，别看这本书了，看书还要花时间呢，这点儿时间干什么不比 20 块钱多，这 20 块钱吃点儿啥不香呢？

一个人如果不在乎自己的时间的价值，就不能真正地提升自己，只能把生命浪费掉。

每次说到这个话题，总有人跑来说，我不就是看了几本打折书嘛，用得着那么说来说去吗？买原价书就那么高大上？错了，问题不在于省钱与否，而在于这种心态。

折扣是一种用来扭曲商品价格，从而让人忽视商品价值的营销手段。而对你自己来说，核心问题不应该是价格，而是一本书会不会给你带来价值。（题外话，打折绝对不是省钱，除非商品打折与否完全不影响你的购买决策，否则看到打折就狂买一定是浪费钱的。）

要看增长你技能的书，更要看提升你对世界理解的书。

演讲的时候有人问，是不是年龄到了，很多事情才能懂。

其实并不是这样的。我见过很多非常不错的年轻人，比他们的同龄人成熟得多，他们共同的一点都是喜欢看书，喜欢自主学习。当所有在校的学生都觉得接受学校教育就够了的时候，那些在学校教育之外，还在努力看书和学习的学生，当然很容易脱颖而出。因为大多数人相信学校教育完结后，就不需要努力学习了，那么那些在学校教育结束后还在努力看书和学习的人，当然就更容易脱颖而出了。

我在这两年，开始广泛地阅读英文书。感觉就是不断地接受人生观、价值观的升级，就是那种睡在床上觉得自己的骨头嘎嘎在响的那种脱胎换骨的感觉。所以，我相信阅读可以改变你，让你心态更加平和，做事情更加有方式方法，效率更高。

我之前多次用过一个比喻。我们人类的学习，就跟计算机科学里面的机器学习很像，看有的书是可以提升你的数据量，使你对一个脑子里面的既有模型加深印象，得到改善；有的书是可以给你灌输新的模型，让你对所有司空见惯的事情产生新的理解。

我们需要看大量提升数据量的书，更要看大量提升思维模型的书。或者说，要看增长你技能的书，更要看提升你对世界理解的书。

不要找人列书单

首先，没有人有义务给你列书单，第二，没有人可以列出一个适合你的书单。

大师的书单好不好，很好，不过有很大的概率是里面最简单的书你连看都看不懂。每个人有自己的发展方向，不要让人左右你的阅读，要自主学习。

每一个在线书店、线下书店的陈列都是书单，代表了不同的书店、不同销售风格对书的取舍。每一个你欣赏的大牛，脱口而出最近在读的书，都是书单。

如果你茫茫然没有方向，或者大喊一声“这世界没有好书”，问题一定不是出在没有人给你列出单，也不出在这世界没有好书。很简单，问题都出在你读得太少。

在读得太少的前提下谈优劣是一个笑话，在读得太少的前提下谈选择是另外一个笑话。

列不出自己的书单，找不到好书，都说明你第一不了解自己，第二不了解书。你需要在阅读中认识自己，先随便找些书读起，慢慢地寻找，什么样的书会让你感动，什么样的书会让你受益，什么样的书让你泪流满面，什么样的书让你整夜无法入睡，什么样的书让你觉得自己获得了新生，什么样的书让你热爱这个世界，这一切，既是在阅读，也是在发现自己，发现书。

“好读书，不求甚解。”陶渊明的这句话，历史上有无数种解释。我讲一个我的理解。

我读书非常快，因为看任何一本书我都不求甚解。目的有两个。

第一，快速建立索引。

有很多书的内容是需要实践配合的，比如一本技术书，里面讲到了一个算法，我往往只会非常简单地看一下，然后就略过。等到我需要用这个算法的时候，我能知道哪本书里面提到，就可以了。用的时候，我找到这本书仔细阅读，实践一下，验证一下，这样的理解比认认真真地看这个章节 10 遍效果还好。

有的书，本来就太庞杂，你阅读的意义就不在于每个细节都懂，还是在于需要用的时候可以找到。

第二，如果一本书足够好，不用担心一遍读不懂，或者说汲取不了全部营养。

有很多书，我是会翻来覆去读很多遍的，所以第一遍甚至前几遍都无须太过认真，可以追求效率，可以追求迅速了解大局，而不是在细节上花太多的时间。

快速阅读的好处是可以提升阅读量，比如在提升某个比较艰深领域知识的时候，我习惯的方式不是花时间选一本最经典的书，而是买最经典的4~5本，甚至买10本，然后全部快速阅读，用自己的阅读体会找到不同书的不同侧重点，相互印证，获得更快和更全面的信息。

买书的时候千万不要太聪明，做个傻子更好

我从小就觉得自己是一个聪明人，也一直以自己是聪明人而自得。大多数人也都喜欢做聪明人。

但是，我觉得我们国家目前的问题在于聪明人太多了，只有傻子才有前途。

知乎上有这么一个问题：可以在网上买书赶紧看完然后再退掉吗？

我的回答是：一个人聪明到这个样子的情况下，有成就的非常少，在这个层面，我认识的牛 × 的人都很傻，都不太会省钱。例如我，如果我不够努力的话，就冲我这大手大脚的性格，我早就饿死了，所以，我很努力，我钱挣得足够多，支撑我继续大手大脚，每个月英文书都买几十美元，我可真没空研究这种绝技。

说实话，这种鬼主意，我小时候也想过。我上高中的时候，学

校附近有一家书店，口号是三日内包退换。于是我在跟老板非常认真地确认后，买了一本20多块钱的关于IBM的故事的书，一天看完后，换了本苹果公司的乔布斯的故事的书，第三天以后，换了本微软的书。结果最后一次老板跟我说，以后最多换一次不同的书。

我首先是很羞愧，然后认真地想，我到底是不是那么缺钱，还是贪便宜的心理作祟。我的结论是，我之前太鸡贼了，这辈子我都不想那么鸡贼下去。

后来，我在那家书店看到了一本45元的图文并茂的讲解计算机原理的书，印刷得很精美，内容也很吸引我，我就毫不犹豫地买了。这本书对我来说确实有点儿贵。那时候我住校，每星期的生活费才50元（刚刚升级，之前是30元一个星期）。那个星期马上就陷入了非常悲惨的经济危机里面，甚至因为这个事情，有一次在体育课直接饿晕倒了。但是我从来没有后悔过。

大学的时候，我仍旧非常爱买书，有一次我也是买书，还买了一些别的东西，陷入了经济危机。那时候，我大学最好的朋友，因为帮自己的朋友花了一笔钱，跟我一起陷入了经济危机。他家里很有钱，而且有张额度很高的信用卡傍身，但是不想让父母知道自己缺钱，从来不刷。于是我们两个人每天中午到食堂门口，等到关系好的同学出现就把卡抢过来，买两个最便宜的5角钱的饼，或者买一个一块二的大饼，两个人分着吃，整整搞了一个月，直到我们各自下个月的生活费到账为止。

这么多年下来，我觉得在书上面花钱从不吝惜对我的影响非常深远，对我的帮助也很大。我之前在微博上讲过，当年我在北京创业的时候，客户需要一个搜索服务，但是市面上的解决方案都比较贵。

我们公司接下了这个活儿，我买了两本书，《Java 语言入门》和《Lucene 实战》（*Lucene in Action*），一个春节假期，7 天，我写了一套系统，满足了客户的需求。一个月以后，客户的竞争对手找上门来，买了一套一样的系统走。我们就靠这个系统开了第二家公司。

知识是有无限力量的东西。前提是你珍惜它、掌握它。这需要你傻一点儿，不要在乎购买知识花的钱，不要一天到晚叽叽歪歪这本书太贵，那本书不好。只有你虚怀若谷，才能学会新的东西。

我现在买书仍旧像个傻子，我在 Kindle 买了几十本英文书了，从来不等打折，听说一本书好，马上看看是不是译作，找到原作买下。喜欢的书，既买电子版（8~9 美元），也买有声版（20~30 美元）。

目前已经看了几本了，收获很大。这几十本书花了至少上千美元，但是仅就看完的那几本而言，有很多单本对我人生的价值就不止上千美元。

一 时间和节奏的力量

我在演讲和文章里面多次讲过，聪明人更需要努力。

聪明的人，因为脑子快，做事情往往事半功倍，所以形成一种固有的错觉，自己就是厉害，自己就是不需要下苦功夫。

一般来说，这样说也是对的。做一个非常简单的工作，比如写一篇 800 字的文章，做一个简单的表格，等等等等，这世界上有很多非常简单的事情。对聪明的人来说，这些简单的工作太容易了，一看就知道怎么做，而脑子慢一点儿的人可能需要几倍的时间才能完成。

但是，这世界上也有很多困难的工作，比如写 20 万字的小说，甚至简单点儿写一个 1 万字的长文章，或者管理一个涉及多部门协调的项目。这些事情，有些聪明人还是可以胜任，有些聪明人就不行了，但是有些脑子慢的人居然做得也很好，完全不比聪明人差。

为什么呢？因为只有当一件事情小到了大脑完全可以一次性想清楚的时候，聪明与笨才有价值。任何一件事情，如果是再聪明的人也不能完全靠脑子掌握的时候，核心的问题就在于方法了。

之前有人问我，写文章是不是纯看天分的，因为他发现有灵感的时候就写得很快，没有的时候就不知道怎么写，而且遇到灵感来了，就必须一次性写完。我以前也这么觉得，但是现在不同。首先，如果完全是靠灵感，你是写不了长篇小说的，太长了，没有人能保证连续写30天天天有灵感。方法是什么呢？写长的东西，不要着急下笔，先列个提纲，把要点都写好了，那么就任何时候都可以写了。

我最近几个演讲都爆火，文章也有几个火大发的。为什么呢？因为我掌握了一些新的写作方法。你们看到的我最近的几个演讲，母题其实我已经在很多跟朋友聊天的过程中无数次触及，慢慢地收集了大家的反应，也通过无数次的阅读，给自己建立了一个非常清晰的叙述结构。然后，等到写和演讲的时候，一切就变得容易了。

每个人的时间都非常紧张。但是，核心问题也不是时间本身，而是你能不能掌握到节约时间的工作方法。

但是，我认为的节约时间的工作方法不是戒掉朋友圈，戒掉微博，而是学会掌握节奏。

什么是节奏呢？

就是做事情有规律有计划。总有人说，我费了很大心思在学英语，为啥我的英语不长进呢？OK，如果你去观察的话，在刚刚开始学的那几天，这样的人往往很有冲劲儿，可以一天背几百个单词，可以看很多英文文章，然后呢？然后就没有然后了。如果学英语是一个可以靠三分钟热度完成的任务，那么每个人都英语很好了。我说过多次，我们每个人的母语都是从连爸爸妈妈都不会叫，只会咿呀咿呀开始的，母语为什么都学得好，就是每天都在用，每天都在练习，每天都在复习，英语只要这样也可以学好。

那怎么能做到像学习母语那样学习英语呢？找个外国男/女朋友是最简单的，搬到外国去也是很方便的。但我还不是学好了英语吗？方法很简单，要有规律性和节奏。我每天都看美剧，我把大多数人每天看两个小时大陆或者港台电视剧的时间，换成了美剧。同样是娱乐了两个小时，你学会了很多家长里短、鸡毛蒜皮，我从《豪斯医生》里面学会了原来病的名字都是 ××× disorder，各种 cancer（癌症）的叫法，等等；我从《波士顿法律》里面知道了一堆法律术语，等等。

当你没有计划性、没有规律性地做事情的时候，你就没有办法保证做任何一件事情都投入了足够多的时间，而有节奏的人，时间是他最好的朋友。

当你学会每天都花固定的时间做一点点改进自己的事情，一年时间，你的改进就非常惊人。而同时你会明白，这样人生才不会荒废，对吧？

在三四个月前，我开始每天录一段语音发在公众微信。那时候，我觉得我做不到每天都写一篇文章，但是每天讲上一分钟应该没问题。结果讲了60多天，积累了60多个话题。

后来有一天我开始写长文，慢慢地写下来，也写了十几篇了。有人问，你每天都写长文，怎么写，好难写吧？每次在做之前，我也觉得好难，但是写了5~6天以后，我发现我有了感觉，我有了节奏。我发现每天都写一篇长文，对联系我的表达、联系我的分析能力也大有裨益，所以，我乐于坚持下去。

活到36岁，人生突然开阔，就是因为我发现我可以用节奏和时间来攻克一切难题，突然觉得自己变成潜力股，无比快乐。

一 不要被你受的教育所束缚

微博上有人质疑“前妻”文，说：“是小说吧，初中生如何看懂英文？如何学习？”

我很感慨地发了一条微博：

> 我国的教育擅于把人的自主思维能力搞残。就拿我国的英语教育来说，这样低强度、低水平的英语教育，让人以为英语很难。其实一个人认认真真自学，哪怕上学的时候没学过英语，有个3~5年的自学，秒杀中国大学生的英语水平是不难的。

很多年前，我在大学的时候就因为自己的实践体会到，计算机的技术英语非常简单，因为常用词汇就那几百个，连续看一到两个星期的英文文档，期间遇到不会的查字典，就可以完全突破。

可是如果你做一个调查，全国几百万的程序员里面，技术英语完全过关的人有多少呢？我估计没有 1%。真的是大家智商不够吗？我从来不相信这点。

我自己也曾经被我们的教育搞残过。相信一些鬼话，比如这个东西好难好难，你不要碰，×× 大学的研究生都看不懂的。但是这么多年下来，我的体会是相信这些鬼话都是浪费生命。

本来，学校应该教我们的是学习的方法，这是一切教育应有的终极目的，但是因为原因的种种，以及种种的原因，学校倾向于只教你怎么考试过关。于是书籍里面那些催你上进，让你能融会贯通，让你对学科有兴趣的东西，因为跟考试无关被干掉了。于是，可以把学生真正教懂，可以让学生真正充满兴趣的老师，因为不是成绩最好的老师评不上职称，慢慢心灰意冷。

那么我们今天是在这里批判教育体制，发点儿牢骚吗？其实也不是。教育体制的改革任重道远，而且我们人微言轻，说说而已，也推动不了什么。更何况教育是一个惯性极大的体制，即使一切改革顺利实施，师范院校修改了课程，4 年以后才有老师可以供应到市场上去，而又需要多少年这些老师才能成为所在学校的中坚力量呢？更何况我的读者，估计更大比例已经毕业就业，即使是还在校，也大多应该是大学生了吧。

我们从来都倡导从自己出发考虑问题。当这个世界，这个社会，你所在的环境不能短时间改变的时候，惆怅抱怨都是可以理解的，但是最终还是要回到自身，解决自身的问题。

我也曾相信，学好英语是很难的事情，但是就在几年前，我从自身的喜好和习惯出发给自己设计了一套英语学习的方法，几年下来，成果是，我这个当年曾经四级没过的人，在离开大学十多年后，中间没有进行过任何系统学习，重新教育自己，让自己可以做到用英语跟老外交流（不仅限于问好、打招呼，而是可以跟技术圈的老外聊技术，可以跟别的老外聊政治、经济和历史），用英语做过一次技术演讲（听众老外占一半），可以在不用任何字幕的前提下看懂大多数的美剧和电影，以及一些脱口秀节目，可以简单地进行英文写作。

我们的教育最大的问题不是教出来的学生不够有本事，而是大多数人经过了长期的填鸭式教育以后，只相信这么一种学习方式，相信自己只能在老师的教导下，在纪律严格的课堂上才能学会知识，而且认为这样的学习非常困难。

但是事实是什么呢？实践是学习的最好方法。我一个英语四级没过的人，脱离了学校教育的方法后，更快地让自己的英语突破了。我一个从来没有受过新闻学教育的程序员，写出来的文章比很多专职记者写出来的更火，得到的打赏更多。

我们实际上身在一个非常好的时代，大多数行业因为传统的国有体制的瓦解，开始相信能力，开始任人唯贤。只要你真的有本事，市场会教育企业，让它们认识你的价值。

而在此之前，每一个人需要做的事，是摆脱教育对自己的影响，从自身出发，从终身学习出发，仔细思考，自己的人生该怎么度过。

3
PART

前行的力量

我可以接受我自己沉沦一天、两天、三天，我绝对不接受我自己一直沉沦，我还没死，所以，我不会停止前进，你们呢？

比你聪明的大多数也比你勤奋，你看不到的东西不代表没有发生过

有人会跑来问我，说 Tiny 老师你的演讲为什么那么好，有什么关于演讲技巧的书可以推荐吗？你每天都写一篇长文，能教教我怎么写作吗？

我从来没有看过演讲技巧的书，在我看来演讲技巧也没有任何的价值，我的演讲曾经有人说过有很多问题，我自己看的时候也发现过很多问题，比如站姿不够优美（这个体态怎么优美呢？），老走来走去，说话的时候比较碎的东西很多，经常有一些脏话，而且我经常在台上就突然说，这个点我忘了，这次不讲了。

但是，大多数演讲的结果都还不错，为啥呢？因为我在乎的是信息量，如果我没有能让台下的听众耳目一新的材料，我根本不会

去演讲。一般来说，我答应做一个演讲后，很少做准备，往往是在演讲前一天的晚上才开始做Keynote（在OS X系统下运行的幻灯片），一般来说1个小时就可以做好，然后就睡觉，第二天讲。听起来是不准备吧？但是实际上不然，每一个我可以上台去演讲的话题，我一定是在小范围内跟朋友聊过很多次，经过了一些小范围的测试和锤炼的。手里没有这样的题目的时候，有人找我演讲，我根本不会答应。

10月份的Qcon（全球软件开发大会）上海，我是移动专题的出品人，按照往年的惯例，我也会做一个演讲，但是今年仔细想了想，我在技术方面确实没有啥可说的，就放弃了。

这个世界真理不多，有一句近乎真理的话是，实际上一切东西都是看起来容易，做起来难的。你看健身房的壮男们，在器械上做某个动作貌似很轻松，你自己跑到那个器械上做，感觉也不难，这时候，教练走过来，指导了一下姿势和发力方式，你马上就会发现，做起来好难啊。

所以，很多时候，我们往往会艳羡别人的成功，但是因为不知道背后的努力有多少而心生不忿，心说这个世界为什么这么不公平。当然这个世界是存在广泛的不公平的，但是平心而论，在大多数情况下，基础的公平还是存在的。你也许不能跟王思聪少爷谈公平，人家的投胎技术高于你不是一个两个点位。但是毕业10年后，你跟你的大学同学比的话，去掉几个家世最好的最高分，去掉几个命运多舛的最低分，我估计你还是会发现，混得好的，一定是最努力的那几个。

大概六七年前，在北京的时候，我参加过一个电商圈的饭局，当时的电商领域的翘楚都在同一个饭桌上，有几个公司现在都不存在了。其间就有刘强东，当时的京东已经是电商届举足轻重的一支力量了，但是跟现在可以跟阿里并列的地位还相去甚远。你创业过，拿过投资的话，就知道刘强东这些年过得一定不容易。大多数人可以看到他最近一两年减肥成功，意气风发，纳斯达克敲钟，怀抱奶茶妹妹，但是在这些背后，他做了哪些抉择，京东当年如何闯过那些可能会一夜倾覆的危险，是外人不可能了解的。

年纪增长的过程在最近几年对我来说就是内心越来越平和的一个过程，我越来越相信，虽然有家世、机遇、天赋等等的扰动，但是到底能否成功，更多的是看你是否努力，是否可以承压，是否可以不断地学习。

当然绝对的公平肯定不存在，就像打牌一样，只有靠运气好拿到一手好牌才能打好的人，在这个多变的世界里，容易活得比较坎坷。

工作如何和个人成长相协调：写给刚毕业的大学生和毕业不足五年的朋友们

每年一到毕业的季节，大学毕业生就开始迷惘，大学的四年都是无忧无虑的，钱自然会从提款机里面吐出来，课上不上都不会被叫家长，眼睛每天在学校里面所有长裙、短裙妹的腿上扫来扫去，啊，多美好的校园（可惜我大学不是在文科院校上的，后悔了）。

但是突然间，自由结束了，要去上班了，有点儿惆怅，有点儿迷惘，有点儿不知所措，是非常自然的。

我们的大学教学和社会需求非常的脱节，当然全世界的大学都是如此，大学不可能随着社会的改变马上改变，随波逐流听起来有点儿太 low。但是，我国是格外突出的，学校里面教的很多具体的技术已经过时，或者是完全错误的，也都比比皆是。

所以，首先，落差是不可避免的，也是不用担心的。如果你到了公司单位里，发现你自己是最菜的什么都不懂的人，其实不用担心，大家都是这么过来的。公司招聘之所以会分为校招和社招，就是因为有些岗位更需要有经验的人，有些岗位，是可以给你学习时间的。

你需要做的无非就是努力学习，千万不要以为只有学校才是学习的地方，离开了学校，真正的学习才开始了。跟所有的同事学习，跟所有接触到的人学习，学校里面教你的所有东西，都是未来你真正的学习所需要的基础知识而已。

问题不在于你不如你的老同事的这个阶段，大多数人在这个阶段都明白，如果不努力，可能连试用期都过不去。问题在于如果有一天你达到了你的老同事做事情水平的时候，这才是你人生的关键时刻。你满足了，你决定就这样变成一个混日子的人，你就一辈子混日子了。如果你不满足于此，想追求更多，想变得更好，你就没有尽头了，一切你都可以达到。

如果工作简单重复没有任何挑战怎么办

昨天，在 OurCoders 论坛里有人说：“入职的时候人事说来我们公司有广阔的前景……入职以后才知道，要做的是各个手游平台的接入，重复再重复。”

我给他的回复是："谁说重复的手游平台接入就一定没有前途呢？我在金远见工作的时候，我的同事叫作 Lee，李杰，他开发了 Lava，一种可以解释执行的简单的 C 语言。文曲星的爱好者都爱死 Lava 了。他为什么要做 Lava 呢，原因是当时因为他汇编底子很好，公司的任务是让他把任天堂 FC 上面的游戏移植到文曲星（CPU 兼容，但是一些端口什么的都要改，不同的文曲星也不完全一样，需要多次移植）。他移植了几个游戏以后，就厌烦了。他当时听说了 Java 的概念——一次编写到处运行，他就想做一个 Lee 的 Java，就是 Lava。做好了以后，写了几个小游戏在文曲星上，文曲星的爱好者也很喜欢用 Lava 写程序和游戏。说白了，Lava 不是什么特别牛 × 的东西，就是 Lee 当年上大学的编译原理的底子不错，写了一个简单的语言，放在了一个缺乏开发工具的平台。但是谁说你的工作无聊，你就应该无聊的呢？"

工作和个人发展目标不一致怎么办

大多数人的工作，都不可能跟他的目标正好一致。老板为什么要雇人呢？是因为他需要有人去做某件事情，他的目标不是给你一个个人发展的空间。这公平吗？非常公平，因为他不是免费让你打工的，他给你钱，他用钱购买你的技能和你的时间。

那你自己的目标呢？仔细看这个问句，你自己的目标，当然靠你自己来完成。如果你公司交派给你的任务跟你的个人发展目标相一致，当然好。如果不一致，你可以改进公司的产品，提出更高的要求，就像 Lee 做的那样。他做的 Lava 深受文曲星用户的喜爱，他提升了自己，也让公司的利益得到了提升，这是双赢的。如果你公司的目标怎么都不能和你自己的目标相一致的时候，你当然可以选择离开，但是你也要去考虑会不会每个公司都无法和你的目标相一致的问题，所以，你也可以用自己的时间去学习，去努力。这个答案其实很清楚，但是不知道为什么很多人都想不到。

我工作 14 年了，在这 14 年里，在满足公司的要求以外，在 blog 上写文章以外，在微博上灌水以外，在胡吃海塞以外，在跟漂亮妹子逛街以外，我还是有大量的时间去学习自己想学习的东西，做自己想做的事情。

我在第一家公司用 BCB 写财务、打卡、食堂管理软件，在金远见做过 BCB，Arm Linux 下的 C 开发，在 265 做过 VC 开发，业余做过 OutLook 插件，浏览器插件，VC+COM+ATL，做过 Gtalk 机器人，用 Python，自己创业银杏用 Java 写搜索，用 Php 做网站后台，用 Shell 脚本来做统计分析后台的数据采集和分析，后来用 Objective-C 写有道词典 iOS 的第一个版本，在盛大写云中书城 iOS 也用 OC。我目前自己在玩机器学习，在玩 GraphLab（Dato）和 Spark。

我在大学自学过 VB、Php、BCB，其他的都是在工作期间边做边学的。

追求高薪和个人成长的关系

现在社会的压力非常大，比如要结婚，先买房，而在上海、北京这种地方买房，对谁来说都是一笔不小的钱。所以，我当然理解每个人挣钱的心切。但是问题是，你要考虑的是挣一年钱，还是挣一辈子钱。

首先你要理解的是校招和社招的区别（谈的都是 IT 行业）。校招一般来说，企业比较看重你的学校、你的成绩，因为你还是刚毕业的学生，所以，也谈不上太多社会经验。企业希望你是一个可以学习，可以培养的年轻人，所以希望你的学历好。而社招又分为两种，HR 招聘和项目组招聘，HR 招聘比较看重的还是学历，以及你的项目经验；而项目组招聘，其实很简单，只看你的项目经验和能力。

刚毕业的学生踌躇满志，想找一个相对更好的工作，是应该的。问题恰好在于你找到了一个相对来说满意的工作以后，你一定要明白，你的学历的价值在消退，慢慢地大家就会用一个对社会人的要求来要求你。就像我，我工作了这么多年以后，每次去应聘，别人对我的学校一栏几乎都是不看，因为学校对我的影响已经几乎不存在了，塑造我的是我一步一步的工作经历。

你可以跳槽，只要不是频繁地跳槽，看起来做什么都做不长久就可以，你可以想着一份更高的薪水，这都没问题。关键问题在于，你工作了几年以后，有没有一个社会人的身份，有足够的经验和能力去支撑这个身份。

当你说你是一个程序员的时候，你有多少项目经历可以说，有多少代码可以support（支持）你，有多少经验可以跟面试官侃侃而谈？当你说你是一个设计师的时候，你有多少设计作品？

当你工作了几年，跳了几次槽的时候，如果你还是只能用你的学校说话，你就彻底错了，路是自己越走越宽的，不是越走越窄的，区别在哪里？在于你有没有真的成长，有没有变成行业的中坚力量，人人争抢的人才。

工作方法篇：任务分解 一

我经常给大家讲学习方法、工作方法，不是因为我自己懂得很多，而是因为我自己也在不停地寻找打磨自己的学习方法、工作方法。同时，因为在行业里面有些虚名，我见过特别多的牛人，我不断地得到一个结论，他们虽然很厉害，但是没有几个是真正天赋异禀，其实看起来都不出奇，帅谈不上帅，高大也谈不上高大，接触多了，我相信所有厉害的人最主要的素质不是智商高，而是有系统的工作学习方法，或者说做事情有章法。

我在演讲里面经常提，当一个任务很小，你可以随便就搞定的时候，你容易有一个错觉：这个世界是靠智商的。但是这个世界总有太多复杂的任务，不管是谁，都不可能靠拍脑袋解决。这时候，我们才知道方法的价值。

工作方法里面，我觉得最重要的一条就叫作任务分解。如果不做分解的话，没人能解决超级复杂的问题。卓越的人是擅于分解问题的，如果你不分解问题，你也不可能去理解一个问题，不可能进行合理的资源配置和计划调度。

在工程上这个方法也叫作分而治之，当然我觉得更带感的是它的英文名字 Divide and conquer，分解敌人，然后征服它们。这其实最早应该是军事术语，战场上人多是有绝对价值的，3 万人和 2 万人拼刺刀的话，3 万人一定会胜利。但是，如果你可以想办法让 3 万敌军分散成三股，一股一股地跟你的优势 2 万兵力对阵的话，以少胜多是完全可以做到的。

有很多人不理解为什么要分解任务，因为在他们看来，分解完了，这个任务不还是要做吗？对的。但是，问题在于，当问题过于大的时候，我们实际上是没有办法思考的。你以为你理解了这个问题，实际上你根本没有开始思考问题。

举一个简单的例子，如果有人请你帮忙做一个记事本的 App，问你需要多久可以做出来，你往往没办法回答。因为这个问题太笼统太大。

但是，你可以通过分解这个问题来解决。一个记事本 App，应该有一个主界面，列出所有的 note（注释），然后点击每一个 note 应该可以进入 note 内容显示的界面，主界面还应该有新建 note 的按钮，和编辑 note 的按钮。

好，这下让你估计时间是不是就容易很多了？你可以大致估计下，你写一个主界面需要 4 个小时，note 详情需要 2 个小时，新建按钮 1 个小时，编辑按钮 1 个小时。合计是 8 个小时。

有时候，客户的需求或者你要做的工作太复杂，需要很多部门协调，需要注意一些不可控的因素。遇到这样的项目，很多人也会搞成一团糟。其实你要做的也是先做任务分解。先把任务分解成小的部分，哪些部分需要找其他部门协调，哪些部分可以自己搞定，哪些部分有时间和预算风险，等等。

还有的时候，你需要做的事情看起来非常复杂，实际上有些部分是不需要做的，但是如果你不能先分解任务，你是不可能理解的。

其实，分解问题，是思考一个复杂问题的前提，如果你不能合理地分解一个问题，思考就是奢望。

需要我们怎么做呢？其实很简单，就是做复杂的事情之前先思考，就这么简单，不是吗？

记得那个经典的笑话吧，把大象放进冰箱需要几步？

有时候，我们需要思考的是，让自己变成一个靠谱的年轻人需要几步？

然后，剩下的事情其实很简单，做就是了。

为什么有些人用一年时间获得了你十年的工作经验？

我一直喜欢跟优秀的人来往，和非常优秀的人工作，因为我是一个非常懒惰的人，而我知道跟非常优秀的人工作的时候心情可以非常愉快。

优秀人才的特征：极强的学习能力必不可少

我自己创业的时候，我招的第一个员工，他毕业于漳州一个大学，在那个不是很发达的地方，他自己学会了怎么做 iOS 开发，并把自己的软件在 App Store 上线。

后来我看这个软件做得还不错，他的学历不是太高，也没有什么背景，我都不理解他是怎么学会这些东西的。然后我们开始给他

“喂”一些材料，给他一点点做一些项目，我发现这样的人也是没有什么极限的，于是我给他做的东西越来越难。

后来我发现，原来在这个公司里我终于不用再做主要程序员了，我终于找到了一个编程水平和我差不多的人，我不干活儿的人生目标终于达到了。

所以这些年，我一直在想怎么样把人变得优秀。我想要和优秀的人合作。

就有人在问：这样的人你怎么找得到呢？

前两个月，我验证了这么一个流程：让所有人远程工作起来。于是我就在论坛里发了一篇帖子，说我认为远程工作是这个世界的未来，我在想我们下个项目要不要找两个远程工作的人。

当天晚上我就收到了 6 份简历，但是其中 5 个人都不是我想要的人。我就和最后一个人聊，他是做 Java 后端的，但是这个小伙子很无聊地在他的博客中写了有 35 篇如何一步步应用 Java 的系列。

这的确不是什么特别难的事情，但是我没有见过一个人可以把这样的副项目（side project）做得这么干净、整洁，每一步都写得非常清楚。

所以我就和他说，我觉得他是我们想要的人，他问我们的项目要做什么。我告诉他我们要做一个把 iOS 直接编译成 Android 的项目，我让他看了一个我关于这个项目的视频。

过了 5 分钟，他回邮件说，他觉得很难，搞不定。我说我相信你可以搞定，我给你两个星期的时间去学什么叫作 iOS 开发，你不需要学到非常难，你只需要学到可以做一个最简单的 iOS App 就表明你会做 iOS 开发了，你就进我公司了。

两个星期以后，他做了一个 App，并写了一篇文章来解释这个是怎么回事。看完这篇文章之后，我和我们的 CTO 说这个人就交给你管了。

我特别喜欢这样的人，所以我在想这样的人到底是什么样的人。

去年我过得不是很顺，我就在想怎么样可以让自己过得积极快乐。我发现这就是一个我能不能够征服一些我之前征服不了的事情的过程，比如我能不能走一段路把我这身肉减下去，一开始走一两万步，累得吐血。后来我陪一个小朋友去逛外滩，回家发现我走了 3 万步，但是我一点儿事情也没有，这是我去年想象不到的事情。所以我开始写一本很鸡汤的书。

我对这个世界的理解是，这个世界太容易活下来了，可是对于很多人来说不是这样，问题出在哪里呢？在于这个世界变化得太快。

在 iPhone 出来之前我觉得手机应该是一台电脑，但我不知道应该是一台怎么样的电脑。iPhone 出来之后我觉得这就是，我相信那个时候没有人会相信 iPhone 可以把诺基亚搞死，但它做到了。但我相信这只是伟大产品的很小一部分，iPhone 把日本的 DC 和 DV 搞死了，这才是伟大产品真正的意义。

大家打过 Uber 吗？我觉得 Uber 其实就是我们以前想象的未来智能世界的样子，随时随地都能够打到车。从一个程序员的角度讲，我们应该在出租车的计价器上装一台电脑。

但实际上是怎么解决的呢？实际上每位司机都有一部手机，这手机并没有强悍到成为装在车上的一台电脑设备，但这部手机连接到了每一个人。这个世界正在不停地变化。

什么东西都有可能，做一个高级程序员很难吗？同样的一个黑人，可能在美国街头打架，也可能是奥巴马。你想想一个美国街头小混混变成奥巴马有多难，他需要跨越的阶梯更多。每一个你见到的比你更优秀的人，都是有什么天赋异禀吗？我不太相信这件事情。

我见了太多优秀的人，我不认为他们天生智商比别人高，但是我觉得他们的学习方法、对待事情的认真态度是不可阻挡的。我不知道高博之前在大学挂了 11 门，我在大学也挂了 11 门，我是我们大学里唯一一个家长被叫到学校的大学生。

我在校门口接我爸妈，我爸妈当时觉得特别丢人。但是走着走着，遇见两个人对我说“郝老师好”，我爸妈觉得特别惊讶。这两个人参加了我当时在另外一个系做的关于 Word、Excel、Powerpoint 的演讲。

当时我就在想：这个世界其实有不同的评价标准。也许我的大学觉得我应该被开除掉，但是我自己招人的时候看的不完全是一份简历，我觉得每个人具有完全可变的能力，但我们被自己的理解所束缚，变成了一个完全不可变的人。

我们会听到别人说“学一门语言好难啊”，5 年前有人跟我说“Tiny，该怎么学 iOS”，我说“很简单”，5 年之后他还跟我说“Tiny，该怎么学 iOS”，我就无语了。

十年的工作经验，还是把一年的工作经验用了十年？

有这么一个笑话，一个人跑去问老板：“我都有十年工作经验了，为什么您还不给我涨薪水呢？”老板回答说：“你是有十年工作经验呢，还是把一年的工作经验用了十年？”

我觉得在这个社会中有太多人是把一年的工作经验用了十年。也有人提到《异类》，《异类》的理论是只有当你刻意去学习，不停从自己的舒适区跳出来，忍受一种痛苦和煎熬，改变了自己以后，你付出的时间才是算数的。

当时我们在珠海讨论学习的问题，其中有一个人说他在进公司前两个星期的时候非常痛苦，觉得他什么都不会，谁都比他强。但后来他可以轻松处理这些事情，他却觉得有些担心了。

我问他担心什么，他说他觉得这一年没有什么成长。我觉得他把我点醒了，我给的建议有两个：一是找一份更有挑战性的工作，二是做一个副项目去挑战自己。

改进自己从学会如何正确认识自己开始

我们一直在讲该不停地改进自己，但是如果你不了解自己，改进自己就是一句空话，我们首先应该学会正确地认识自己。也许有人看到这里就把这篇文章放下了，毕竟这听起来很像傻话，谁不了解自己呢？还需要你来教吗？

我要告诉你的是，大多数人不能正确地认识自己，认识自己是一件非常难的事情。

1. 没有镜子的话，我们活在茫然里

作为不爱照镜子的男人，我非常有发言权，我其实一直不太知道自己长什么样子，所以每次照相以后，我都会很疑惑，我这么胖吗？我长这个样子吗？我记得我不是一个非常俊朗的男子吗？怎么突然就这么胖了？

仔细思考发现，原来是我太不喜欢照镜子了，大多数时候我不知道自己长什么样子，所以，突然照个相，或者照下镜子我就会被自己吓到。

大多数女孩儿都喜欢照镜子，可能你们很难体会这种感觉。但是很多人都没有录制过语音节目，如果没有录制过，你们可以做一个非常简单的实验。

打开你的手机，iPhone的话，打开语音备忘录，Android的话，应该也有类似的软件。录制一段你自己说的话，用最平常的语调、语气，然后回放一下。大多数人会觉得，这是我说的话吗？为什么跟我自己的印象完全不同呢？但是，你把这个录音放给朋友听，他们会告诉你，这跟你的声音完全没有区别。

这是为什么呢？因为每个人听到的自己的声音，是自己说的话通过头骨传导的声音，加上你真实的声音传导到空气里，再回到你耳朵的声音的杂糅，所以，跟录音设备以及别人听到的你的声音是不同的。

大多数人第一次听自己的录音的时候都非常惊讶。我录了这么多年音以后，还经常不习惯从设备里传来的自己的声音。我相信这可以佐证一点，自己认识自己之难。

同样的情况发生在无数的事情里，如果你不参加一个英语考试，你只是自己估计自己的英语水平，你往往会高估自己的水平，因为你会根据你的英语水平选择适合你阅读的材料，你就会得到一个自己英语很流利的假象，但是考试的时候会选择更有代表性、更杂糅的样本，你也许就会发现自己的问题了。

所以，历史上最灵的一种减肥方法，其实很简单，就是每天早晨称体重，如果比昨天重了，就略微加大一点儿运动量，同时控制一点儿昨天的饮食。但是，这个方法要奏效，需要做到三件事情，用精确的秤，精确记录运动量，精确记录饮食。如果你吃了一根冰棍，你说这个无所谓，不去记录，就肯定不会奏效。

镜子是什么？镜子就是一个客观世界对我们的评价。

你在化妆的时候，不照镜子，你肯定会画歪。

你减肥的时候，不把天天记录体重、记录运动量、记录饮食当作镜子的话，你肯定会在一个重量范围内摆动，而不会持续地体重下降。

我们学习的时候也是如此。所以，学校不停地安排考试，就是想让老师知道你学习得怎么样，如果你学习得不好，老师可以辅导你，督促你。更重要的是，让你知道自己落后了。

但是，我们更多时候把考试当作达成下一级目标的手段，忘记了考试最大的意义。你应该每天努力地学习，但是你也需要时不时地考考自己，看看自己是否有进步。

我经常劝一些年轻人，多去面试，不用在乎面试是否成功，而是去面试的时候找到自己的差距。大多数人都不接受这个建议。但是，他们天天问，某某公司要求到底多高啊，我怎么才能进去啊？这个问题的答案很简单，你去面试一次不就知道了？你要是怕这个公司嫌齐你去面试了太多次，那很简单，你去一个水平类似，但是你暂时不想去的公司面试不就好了吗？

注：这世界没有完美的镜子，上一段是在讲，照镜子一定比不照镜子好。但是照镜子也解决不了所有的问题，有时候你需要照各种不同的镜子，多照镜子。（用不同的标准来检测自己，持续检测自己。）科学研究发现，人的眼睛和大脑会美化自己在镜子里面的图像，所以你会发现自拍照和镜子还是不同。所以，用相机自拍可能是更好的镜子。

2. 自省的力量

前些日子，我的一个朋友在做一个 Remote 工作（就是无办公室，全员网络联系，不见面的工作方式）以及自由职业者的工作状态的研究，她找我做了一个访谈。我介绍了我们公司的一些管理经验，她很惊讶。我也跟大家分享一下。

首先，我们公司没有办公室，全员都没有上下班时间，理论上你可以一天不工作，也可以玩一整天，不打卡，不记工时（除按工时付工资的兼职员工外）。我们全员没有定期的见面，也没有 Skype 视频会议等等。我做的主要管理就是，要求每一个人写日报，每天都写，而我一般情况下不回复。

下面是我公司员工的典型日报：

2015-08-01

2015-08-02

没有干活儿。

2015-08-03

1. 解决了横屏显示的问题。

2. 原来 UIKit 出现 bug 的原因是，本来 Android 就支持转屏的，UIKit 只需要修改一下 _windowLayer 的 size（规模）就可以了。但是原来的代码首先修改了 _windowLayer 的 transfer（屏幕错位），然后再修改 UIWindows 的 transfer 抵消之前的修改（类似负负得正）。无法理解这么做的意图。

很有意思吧，“没有干活儿”“今天心情不好，没有干活儿”“今天初音未来演唱会，没有干活儿”“今天不舒服，没有干活儿”之类的东西，在我们的全职员工日报里面超级常见，可以写理由，也可以不写理由。

我对日报的要求是：

1. 必须诚实，没干活儿就没干活儿，干了多少活儿就说干了多少活儿，我们不会因为写了没干活儿就不发你那天的工资，因为我知道没有人可以精神饱满地天天工作。

2. 必须写清楚细节。

3. 必须每天都写，如果哪天漏了，第二天要补上。

一般人会觉得这么松散的要求，一定会让公司的项目天天 delay（拖延）吧，错了，我们的项目从来不 delay，虽然我们也从来不加班。我跟很多业界高手交流过，他们都难以相信，我们用这么少的人力和时间完成了这么多的事情。

首先，我们不招不能自主学习和自主工作的人。所以，他们值得尊重，他们可以在没有人监督的情况下做事情。

但是，更重要的是，这个日报系统的意义。这个日报系统虽然是每天发给我的，但是核心意义是给他们自己看的。

曾子曰：吾日三省吾身。

我曾经跟我的 CTO 讲，虽然你是一个很自觉的孩子，但是如果不认认真真地记录自己的工作，你肯定无法持续稳定地产出。在你工作状态好的时候，你可能天天都产出惊人，但是你精神状态不好的时候，你就可能一天都没有产出。这本身不可怕，可怕的是你明天就忘掉了，以为自己昨天很努力，所以，你也很懈怠。慢慢地你就可能陷入一种状态里面而不自知。

他跟我一样都是精神好的时候很自觉，但是情绪不佳的时候就会陷进去的人。持续的自省，会让我们这种人变成产出非常稳定高效的人。

我不给人写日报，我自己有一套工作系统，叫作 one plan（单一计划）。每天要做的一些小事情，列成列表，每天自动重复，这样我才能保证每天都有足够的英语学习量，日语学习量，等等等等，学习也变得非常持续稳定。

在这套系统的帮助下，我看了数百个 TED 视频。我的微信公众号也如此，本来是写着玩的，写出感觉以后，就不管如何都逼着自己一天一定要写一篇。

这是一个协作的世界

前两天看一个 TED 的时候，一个演讲者提到人作为一个个体在动物界是非常弱小的，一个单独的人应该打不过老虎、狮子、野猪、狼等等，但是很多更小的动物应该也可以轻松杀死人。但是，为什么老虎、狮子、大象不能统治这个世界呢？他说协作很重要。

我们应该都知道协作的意义，我们生活在一个协作的社会里，你所在的公司就是一堆人在协作，虽然你时常不知道你的同事到底在忙些什么，但是我敢打包票，没有他们，你一个人肯定是不能让公司运作起来的。对于原始人来说也是如此，他们居然在现代武器发明之前就灭绝了猛犸象和剑齿虎，靠的就是协作，虽然有无数人宣扬古人更牛 ×，但是有人跟你说原始人可以单挑猛犸象和剑齿虎的话，我建议你送他去精神病院。

有时候，很多协作是你意识不到的。比如，你今天中午买了一个面包吃，我说这是人类伟大协作的结果，你可能不服气，毕竟你这么大人了，买个面包有多难，吃个面包又有多难。但是，如果你跟动物去比较，你就会发现买个面包吃意义非凡。TED的那个演讲者说，如果有一只猴子自己摘了一根香蕉，另一只猴子也想吃的话，就必须自己去摘，如果第二只猴子用几张纸片想换走第一只猴子的香蕉——呵呵，大家都是猴子，千万别以为别的猴子傻。

但是，人不同。你多久没有亲自种麦子了？你多久没有自己磨面粉了？你多久没有自己和面了？你多久没有自己烤面包了？等等等等。人类现在享受到的再渺小的一件事情，都可能是来自无数人的协作。

我们每个人都很弱小。不仅在远古时代，而且在现在也是。事实上，现代人已经快要失去独立生存的能力了。如果你的吃穿住行都要自己动手的话，你会活得非常辛苦，有人觉得这是一种退步。但是，这是一种进步。

很多人从自由分享的角度去理解自由软件、开源软件运动，但是经过了这么多年以后，开源软件的开发模式，成了最好的远程协同模式，基于网络的bug跟踪和任务管理系统，代码管理系统，论坛，等等。所以很多代码超过的开源软件，几个最主要的代码贡献者互相可能相隔几千公里，一年见不到一面，但是仍旧可以高效地工作。

我可以很自豪地说，我们公司也是如此，我们公司核心项目的三个程序员，两个在上海，一个在湘潭，而作为项目经理和产品经理的我，一半时间在上海，一半时间在天津，工作仍旧可以进行。

另一种协作就是 Uber，尤其是人民优步，我大概在上海和天津使用了半年以上的人民优步服务，打过上百次车。遇到的司机有无数种职业，职业经理人、小店店主、地铁司机、银行职员、小贷公司职员、财富管理公司职员、投资人、机场工作人员、机场工作人员的父亲、船运公司员工，等等等等。我通过他们了解到了非常多原来从来不理解甚至不知道的行业。而与此同时，我也见过了无数种车型，基本上我之前考虑买过的车，都在打人民优步的过程中体验了。

人民优步提供了非常好的服务，但是它有没有像出租公司一样的严格管理呢？没有。有没有像出租车公司一样拥有这些出租车的产权呢？没有。

人民优步只是提供了一组服务器，当你在手机上点击叫车的时候，它会通知比较近的一个司机来接你而已。当然这里面有无数的细节，这里就不多说了。但是，这就是模式的价值，提高了人类协同工作的能力。人民优步的司机是仅次于我公司程序员，天下第二好的工作。在 App 上按一个按钮就上班了，如果没有客户叫车，乐意在哪里休息在哪里休息，干累了一按按钮就下班了。

这才是人类应该有的未来。

一 字是一个一个写出来的，路是一步一步走的

在我看来，聪明人改造自己是一生的事业，因为聪明就会多少有点儿浮躁，容易想太多。聪明本来是好事，但是容易对一个事情看起来容易做起来难，容易无法保持自己的注意力，容易想入非非，却忘了脚踏实地去努力。

看着前方有无数前进方向的时候，你更容易迷惘。

解决的方法只有一个，就是一件事情一件事情地来，扎扎实实地来，不要去在乎那些光芒四射的东西，回到本心，在乎自己一点一点的小成长，让它们积累起来，慢慢地绽放出光芒。

我曾经以为自己很懒惰，更不可能一天写一篇文章，但是现在，轻轻松松地做到了。

怎么做到的呢？

是靠我的小聪明吗？

不是，字还不是一个字一个字写的？

有很多人跑来问我，说看美剧学英语的方法太棒了，但是找不到简单的美剧怎么办？找不到没有中文字幕的美剧怎么办？看不下去怎么办？看不懂怎么办？

我不知道怎么回答。我当然可以告诉你，找不到简单的美剧就多找找。找不到没有中文字幕的美剧，就用手遮住。看不下去就硬看。看不懂也硬看。

这世界的问题其实一半在方法，另外一半在努力。那些已经很努力的人，我写的东西对他们很有价值，因为他们发现会得到一些启发，会学习得更快以及更好。

但是那些连努力一下都没有尝试过的人呢？我怎么帮你呢？我能把你的手按住，把你的脑袋挪到电脑前，盯着你看美剧吗？我能每天来监督你听一个小时的 Podcast 吗？我可以盯着你看英文书，看不完 5 页不允许你睡觉吗？

你们在学校里被这样的老师监督久了，忘记了学习的目的是自己，而不是你的父母，不是你的老师。

走到天竺，分三步。第一步，开始走；第二步，走；第三步，到了。

62 岁的法显就是这么去天竺的，后来的唐僧也是这么去天竺的。

其间有多少辛苦，有多少磨难，不足为外人道也。你若不走上路，你也永远无法想象。

一 急与快的区别

大多数人都喜欢快，因为这是一个变化很快的时代，因为火云邪神说过“天下武功，唯快不破”。快有很多好处，很多时候不够快就意味着没有机会。但是大多数人不知道快和急的区别。什么是真快？什么是着急呢？

快是一种状态，它是客观存在的。别人做一件事情用了三天，你用了一天，这就是快。

而着急是一种心态，它是主观存在的。你做一件事三天才可以搞定，你非要一天搞定，这就是着急。

欲速则不达，着急的第一个问题就是容易做不好事情。

我见过和参与过太多的项目，早期立项的时候优柔寡断、犹豫不决，宁可让项目组的成员闲着，也不肯投入力量预研。一旦确认立项，又把工期定得不合常理地短，不停地加班，不停地补漏，结果是最终 delay。

个人学习和生活中的例子也比比皆是，有人想三个月学会英语，有人想一个月减掉 50 斤的体重。是不是都做不到呢？当然也许有人可以做到。但是对大多数人来说，这么急切只会走弯路，最后得不偿失。

着急的第二个问题是容易带来挫折感。

当你着急的时候，你就会忘记自己的能力，或者忽视自己的能力去制定一个不切实际的目标。这种不走脑子的结果就是你很容易失败，但是失败以后，你很难想到失败的主因是你的目标不切实际。这就很容易给你带来挫折感，让你觉得自己一无是处，从而放弃对自己的追求，自暴自弃。

我们生下来的时候都是无所不能的种子，我们不是被生活塑形的，我们是被自己对生活的错误理解塑形的。

着急的第三个问题是容易走错路。

这时代太匆忙，有无数你明白不明白的人暴富，我可以理解任何人心里的压力，这是一个非常容易走错路的时代。昨天笑来老师的公众号“学习学习再学习”里面的一篇文章《写给女生的五个择偶建议》，我转发后因为原文有句“坏人更容易成功”，有个妹子就来问我：“善恶哪个更有力量？”

我的回答是，问题不在于谁更有力量，问题在于：1. 不是有力量的你就可以控制，有些力量你不仅不能控制，反而会控制你。2. 不是说你获得了力量，你就会快乐。

但是，在急躁的时候，人就容易偏离自己的信念，把自己变成自己不喜欢的那种人。我们常常走路走得太兴奋，而忘了目的地到底在哪里，自己为什么出发。

不管面对多么复杂的问题，我能找到的唯一方法，也是我觉得最好的方法，就是不疾不徐，认真回到内心去思考，自己要什么，自己可以做什么，什么是可以一步一个脚印解决问题的方法。

如是。

世间并无完美，唯有不断地追寻

其实这个题目类似的意思我讲过无数次。最近又有些体会，再讲讲。

有段时间罗永浩的新手机坚果和周鸿祎的新手机成了我朋友圈最主要的话题，诋毁取笑和支持罗永浩的数量级在周鸿祎的 10 倍以上。我就单谈谈罗永浩的手机吧。

老罗一开始要做手机，我就不看好。但是注意，我的不看好和一般人的不看好不是一个意思。我是说，不符合我对好手机的需求，在我看来，好手机的一个要求是用 iOS。所以你说我是顽固果粉也好，你说我有偏见也好。我就是这么看的。

后来，T1 开始有正常的发货速度的时候，罗永浩送了我一部 T1。

拿到的结果是，我自己玩了一阵子，但是我不喜欢带两个手机，所以大部分时候，T1 在我的抽屉里面积灰。虽然我觉得做工和产品都还不错，但不是 iOS 就是最致命的问题。

我不看好老罗做手机的第二个原因是我不相信这个世界有完美存在。老罗想了很多可以让他喜欢的 iPhone 4S 变得更完美的方案，但是，这世界并无完美，产品的一切都是权衡，功能多一点儿，易用性就会下降一点儿；易用性前进一步，定制化能力可能就会损失一点点，不一而足。

我从来不认为 iPhone 是完美的手机，我也不认为乔布斯是一个中国人心目中的处女座。iPhone 第一代为了实现可以出货，确实砍掉了无数的功能，以至于一开始 Nokia 是真的不相信这就是未来杀死他的那个人。第一代的 iPhone 没有彩信，没有第三方应用，没有 3G，等等等等。而老罗一上来就想做东半球最好的手机，这太难，这容易出问题。

然而，虽然我不喜欢小米的产品，但是我不得不经常佩服雷军（也夹杂着一些对他的鄙视）。同样，我也佩服老罗。做一款手机并非易事，做一个网站，做一个 App 都不是易事，何况做一个手机呢？

老罗的发布会，我已经不想看了。我知道必有不错的点，也必有槽点。朋友圈里面嘲讽老罗的，也不都是恶意和无理；朋友圈里面盛赞老罗的，也不都是盲目崇拜和不懂装懂。每一次老罗的奋力一搏，总是让爱他的更爱，恨他的更恨，人生如此，也无所憾了。

你我的人生也如是。

谁没有一些 dark side（阴暗面），谁没有不足为外人道的辛酸往事?

谁天生完美?

世无完美，是价值观的第一课。

这一课,首先教会我们的是,世无完美,千万不要求全,你求不到,只不过是拆了东墙补西墙，这个板子拆了让那个板子高而已。

其次，虽然世无完美，但不是说我们就不要追寻。在无限靠近完美的过程中，阻力会越来越大，直至无穷大，所以，越靠近完美，那一点点的进步越弥足珍贵，值得追寻。

所以，不计其功，不竭其力，日拱一卒，永不放弃。

所以，这个文章系列可以一直写下去，因为我不可能完美，你们也不可能完美。

所以，我们要学会宽容这个世界上每一个对我们非恶意的人，哪怕有时候他们笨拙，哪怕有时候他们愚蠢。更重要的是，我们要宽容自己，哪怕有时候自己笨拙，哪怕有时候自己愚蠢。

一 什么是沟通？沟通的目的是什么？

做公司这几年，最大的体会是，这世界大多数问题不是技术问题，不是经济问题，而是人的问题。

我从小喜欢计算机，因为计算机非常简单，无欲无求，你让它做什么它就做什么，从来不跟你吵架，也从来不质疑你的决定。

但是，人是不同的，每个人都有自己的价值观，自己的利益，自己的想法，自己的目标。跟人打交道比跟电脑打交道难多了。

但是，人是社会化的动物，没有人能脱离其他人存在。就拿宅男说吧，听起来死宅每天窝在家里，不跟人打交道吧？其实也不是，如果没有各种外卖店，各种电商，死宅根本不可能生存。我之前看了一个 TED，觉得非常有启发，这个演讲说，人类在动物界并不是什么出类拔萃的动物，可以说是单兵作战能力为零的一种动物，但是人类有了协作，才战胜了其他的动物，成了世界之王。

而人怎么能协作呢？什么是协作呢？所谓协作，就是不同的人为了一个相同的目标，一起做一件事情。所有的协作都是从沟通开始的。如果我不能告诉你我要做什么，你不能告诉我你要做什么，我们谈什么协作呢？人类的协作，小的说起来，为了让我吃饱，为了让饭馆挣钱，我付钱给饭馆老板，他给我做饭吃，这也是协作。大的说起来，一个石油公司可能有几万人，不管他们各自在做着什么具体的事情，他们都服务于要寻找、开采和销售石油这么一个大的目标。

我们再返回来说沟通。我认为有很多事情做不好的原因，就是因为大多数人虽然会说话，但是不会沟通。

首先说，什么是沟通？沟通的目的应该是什么？

沟通是因为我们不同的人有不同的价值观，对事物有不同的看法，有不同的利益、不同的想法，但是要生活在一起，要一起做事情，所以我们互相交换意见。

而沟通的目的是什么呢？很多人以为沟通的目的是说服对方，那就错了。如果两个人的价值观迥异，说服对方是完全不可能的。同时，协作，或者说一起生活，一起做事情，也没有必要说我们都是价值观完全相同的人。这世界的美妙，很大程度就来自有无数价值观迥异的人协同在一起努力，才创造出丰富多彩的文化。

沟通的目的应该是，每个人心平气和地说出自己的诉求，大家寻找其间的平衡点，找到大家都可以接受的方案。

太多的争吵来自：

1. 试图说服别人；

2. 不听完别人的诉求，就开始反驳。

我之前在演讲里推荐过《思考，快与慢》这本书，看完这本书我最大的收获就是，知道人类的大脑存在远古大脑和现代大脑的区别，远古大脑反应很快，但是很不聪明，不能做复杂的思考；现代大脑很慢，但是可以深思熟虑，做出对你最好的选择。我们仔细思考就会发现，大多数的争吵，都来自远古大脑充分做主。对方说了一句话，也许还没说完，你就开始反驳，为啥？因为远古大脑觉得你被攻击了，马上进入了反击模式。而对方听到了你的反击，因为也在气愤中，迅速也进入了反击模式。然后，两个人就开始你一言我一语地吵了起来。

如果你能把你们的争吵全部记录下来，过几个小时以后心平气和地去看，我想你多半会发现，你们双方说的大多数话，都是没有道理的。我们一般把这叫作不走脑子。实际上，在这种激烈的争吵模式下，你们都不使用成熟的现代大脑，确实可以叫作不走脑子。

怎么解决呢？

我的方案有两个，第一个叫作30分钟原则，第二个叫作不争论原则。

30分钟原则，往往用在我跟一个陌生人第一次接触的时候。我往往会在前30分钟不发表任何实质的意见，以询问和用“嗯”“OK”之类的词汇，表示简单的回应为主的方式来进行沟通。我往往会在30分钟以后，在我感觉基本上已经了解到了对方的主要意图和全部诉求以后，才开始进行系统地回答和阐述。听起来这样很慢，但是往往因为我的回答已经包含了对对方意图的完整理解，让后面的沟通非常高效，同时不管我是否可以满足对方的诉求，都给对方一个很专业和很靠谱的感觉。

不争论原则也可以用在两个人讨论的情况下，而更多的时候，更适用于很多人的讨论环节上。我们事先说明，大家的沟通目的应该是各自说出自己的想法，而不是反驳对方，甚至贬低对方的人格。即使你对其他人的观点不认同，也请把表达的要点放在阐述自己的观点，而不是反驳别人的观点。尽量不使用“我反对某某人的观点”这样的语句，而是直接阐述自己在这个问题上的想法。

使用这两个原则以后，我发现我的沟通效率提高了很多。希望大家也可以学习如何提高沟通的效率，人生苦短，看自己喜欢的书，不是浪费生命；吃美食，不是浪费生命；去旅游，不是浪费生命；做一切自己喜欢的事情都不是浪费生命，但是陷入低效的沟通和令人不快的沟通，是最浪费生命的一件事情。

一 戒除微博你节约了时间，然而并没有什么用

有个小伙子跟我说，Tiny 叔，你太厉害了，天天不停刷微博，还可以做这么多事情。我就不行，我现在天天沉迷于微博，什么事情都做不了。我要彻底戒掉微博，我要努力学习了。

这段话听起来熟悉吗？你说过类似的话吗？你听过小伙伴说过类似的话吗？我其实不止听过一个年轻人说这样的话，说完以后，有些人过了几天就继续以刷微博为业了，但是有些人真的戒除了微博。然后呢？然后这些成功戒除的人里面，有几个做成点儿什么事情了吗？抱歉，我还没遇到。

我提倡思考的原因就在于此。有很多人忙，但是把生活和工作忙成了一锅粥，并没有因为自己忙而取得啥成就。原因何在，在于他不明白他忙是因为他总是不能停下来提升自己的效率，不能改进

自己的问题，所以忙只是给自己添乱而已，越忙越乱，越乱越忙。

而所有沉迷于任何一种坏习惯的人，最大的问题不是沉迷，而是没有真正值得做的事情去做。做事情没有激情，没有动力，自然而然就会陷入无聊之中，当你无聊、无所事事的时候，当然会沉迷在某些其他的东西里面。你以为问题在于微博，戒掉微博以后，节约的时间会去哪里呢？还不是去看一些不见得比微博好到哪里去的电视剧吗？

一年多前，我买了一个 PS3，一开始几天在家里玩《刺客信条4：黑旗》。那正是我开始用走路锻炼身体的日子，玩了几天，我发现天天在家里玩游戏的话，运动量就没有办法保证，身体也不舒服。我就开始恢复锻炼计划，转眼间几个月过去，我发现，我都忘了我买了一个 PS3。后来身体好了一些以后，我刻意地削减了一些运动时间，又捡起来玩了几次《GTA5》，也是没玩多久，我发现我沉浸在一个项目里面，又忘了自己有一台 PS3 了。

我每天都在刷微博，要是论在线时长，我在国内可能都是排在前几名的。但是这些不耽误我运营我的公司，不耽误我做我的项目，不耽误我减肥减了 40 斤（在 2013~2014 年），不耽误我在微信公众号写文章，不耽误我每天看一个 TED 无字幕视频，学 20~30 分钟日语，不耽误我每天去跑 Quroa，不耽误一切的东西。其实不仅刷微博，我还在玩 COC，每天都会玩一会儿。我每天都会看美剧消遣（当然也可以算作学习），有时候，我会看很多电影。

为什么不耽误呢？因为想做的事情一定为先，娱乐一定为后。因为想做的事情跟我娱乐的事情一样，我都很有激情，我都很喜欢。

我跟一个学弟聊天，他的工作性质特殊，出海上平台工作 28 天，回到陆地休息 28 天。我跟他说，你这样的生活，有非常大的好处，你有非常多的整块的业余时间可以利用，利用好了效果惊人。但是，你这样的生活因为收入很高，所以，很容易默默地飘走，过 5 年 10 年没有变化也很容易。

世人皆说坚持，但是我不喜欢说坚持。你可以坚持工作 10 年，不学习的话，也叫坚持了。你可以 10 年不上微博，但是仍旧一事无成。我们要看的是积累。

什么是积累呢？

坚持就是你昨天走了 5000 步，今天仍旧走 5000 步，积累就是昨天走了 5000 步，今天一定要走 5001 步，明天要走 5002 步。你的生命中有价值的时光，就是你积累的时间，或者说，你坚持让你自己进步和有变化的时光。如果你有了这样的标尺，你每天都玩 5 个小时游戏，每天都在狂刷微博，你的人生也不会荒废，因为你知道你没有原地踏步。

理清头绪，找到节奏

早晨，我在门口的肯德基吃饭，点了一个法风烧饼豆浆套餐，另外加了两根油条，但是当时油条没有了，服务员给了我一个牌子，说好了给我送来。于是，我就开始吃东西，吃完了烧饼，油条还没来。旁边有个店员路过两次以后，停下来问我，先生，还差你什么东西？我说油条。

她很麻利地走到柜台边，要了一根油条过来（这时候我才注意到，现在暂放架已经有不少油条了，我开始还以为是没炸好，所以没送来）。我说我是两根油条。

她回头到柜台。这时候柜台的服务员说，不知道谁点的，是一根还是两根。她走到柜台里面问，14 号牌是谁点的，找了半天，才找到了给我点单的人。确定了是两根，又给我送了一根过来。

这是一个典型的管理混乱的例子。我不想点细节，大家可以想想这个流程里面出了多少问题。

这个比较积极主动的服务员，承担了救火队员的职责，所以，我作为一个顾客，虽然被耽误了 5 分钟，但是没发展成因耽误 10~20 分钟而拍案而起，大吵收场。

其实我是一个很 nice 的顾客，很少吵架。但是我非常喜欢观察各种行业的混乱管理，每次都给我很多思考。

有一回我去医院做检查，下午单子才出来，我不得不在医院附近随便吃了点儿东西，早早地在相关科室等着发检查单。半个小时后，大厅挤满了等报告的病人，一个医生和两个护士才姗姗来迟。然而他们用一种很奇怪的方法来发报告单（具体方法我已经记不得了），效率非常低下，半天没发出几张，而且医生护士已经搞得手忙脚乱，大厅里面的病人也叽叽喳喳地在议论，场面非常混乱。

于是，我挤过去说，您能不能这么这么试试。那个医生先是一愣，然后试了试我的方法，几分钟就发完单子了。我也高高兴兴地拿着单子走了。

几个星期后，我又去做了一次检查，发报告单的可能是另外的医生，我已经完全记不得了。又是非常混乱的样子，这次我已经懒得管了，就默默地等到自己的单子，然后打车回家。

这些年，我谈了很多做事情的方法，经常有人说，你是收入高了，有工夫扯闲篇了，大多数人还困于生活呢。

那天，我跟一个朋友吃饭，我告诉她，我认为哪怕我去做服务业，都可以做得比一般人好。她不信，我说你看一般比较便宜的饭馆，服务员的收入比较低，所以往往不会有太聪明的，而且很不愉快。这样的人，做事情就容易做砸。但是也有人即使在这样的情况下，做事情也非常靠谱，而后者一定可以出人头地。

她说，怎么检验呢？我说，我教你一个非常简单的方法。你一次提一个需求，大多数人哪怕是吊儿郎当做事情的人，大多数情况也可以做好。但是，你一次提两个需求，比如你说先结账，然后给我拿一杯水，很多服务员就会在结账以后把你忘了。因为他心不在焉，这招百试不爽。

我研究这些有毛用？没毛用，我又不准备做餐饮。但是，又很有用，天下的管理都是相通的。做一个肯德基店长学会的东西，可以用在90%的500强企业里。美国有本书说，很多亿万富翁，小时候都因为贫困在麦当劳、肯德基打过工，这份工作一方面帮他们解决了贫困问题，更重要的是，一个聪明的人，在麦当劳、肯德基打工学会的肯定不是怎么做汉堡这么简单。麦当劳、肯德基最重要的东西，一定不是汉堡怎么做。

我看到任何的管理混乱，都会回到我的公司管理的方法和现状去思考，看看这些可笑的问题我是不是也出现过。结果也是百试不爽。

跟个人的关系在哪里呢？昨天一个妹子跟我讲，最近工作特别多，导师给的压力很大，每天都很忙，觉得自己又累又乏，工作也没有效率。那些觉得困于工作的人，是不是常有同感？

问题在于你够不够努力呢？问题在于你的老板是一个 bitch（贱人）吗？更多的时候问题在于，你被问题压垮了，你变成了一个救火队员，你疲于奔命，解决一个又一个的纰漏，但是没有时间思考，没有时间改善自己的能力和效率，于是解决一个纰漏的时候，创造了 10 个纰漏。于是，恶性循环，越来越累，越来越忙，工作越做越差，心情也越来越差，然后你得到了一个结论，生活是一个 bitch，你困于生活。

其实你只是困于自己，你一直没有直面真正的问题，真正的问题是，你做事情没有头绪，没有节奏，没有方法。因为你以为你在辛苦地工作，但是你从来不辛苦地思考为什么做不好。

所以，我希望大家的自主努力不是坚持，不是在泥潭里面坚持，而是积累，积累改进，积累思考，要跳出泥潭，掌控工作，掌控生活，掌控自己。

哪里真有什么信息过剩，你过剩吸收的是垃圾，你需要的信息你根本没有获取够

现在大多数人最爱说的就是现代社会信息过剩。是啊，当年号称中国历代最勤政帝王之一的雍正，在位13年共4000多天，朱批汉文奏折35000余件，满文奏折7000余件，但是平均下来，一天也才批阅12~13个奏折。而我们现代人呢？一天花在微博多少时间？一天花在朋友圈多少时间？

我有朋友给我看了一眼他一个同事的朋友圈，一个小时不到，转发了15篇长文。话痨程度简直快跟我相当了。

问题是你看了那么多东西，你上通天文，下知地理，然后呢？这些知识帮你找到新工作了？帮你升职了？帮你找到女朋友/男朋友了？你每天深夜睡前还努力刷上半个小时以后才肯睡去，给你带来

的唯一收获是什么？

你学会了一句“然并卵”，看到所有帖子都想回复这句。

你学会了一句“懂得很多道理，却仍然过不好这一生”。

父母给你打电话，你爱搭不理。

跟恋人坐在出租车上，还没说上两句，你们就各自掏出了手机，唯一能看出你们亲密关系的是，他看到了一个好玩的笑话会转给你，你看到了一个好玩的笑话也会转给他。

随时随地你都在刷，随时随地你都在转。

你总觉得这世界太仓促，稍微不小心就错过了一句至理名言、爆笑的笑话。但是，你看到一篇稍微长的文章就会说，这么长，谁有耐心看啊。至于看书，我就呵呵了，你这几年阅读量也算是日可过万，但是书长什么样子，你都快忘了吧？

在这种情况下，你当然会觉得信息过剩了，人生苦短，一睁眼一闭眼，人生就过了，唯一的遗憾是，朋友圈还没刷完。

但是，错了，信息从来没有过剩，你只是沉迷在噪音里面而已。

首先，我们要说明白，什么是信息，什么是噪音。

一切可以给你带来实际好处的都是信息，不能给你带来任何好处的就是噪音。

1. 很多好的信息是稀缺的，而且是有时间限制的，过时以后可能就没有价值了。

如果你有内幕信息（暂时不讨论内幕交易的法律问题），你可以轻松致富，这样的东西是信息。这个世界最有威力的就是信息。

如果你可以回到过去，最重要的不是改变过去，而是获得未来房价的信息，未来会狂涨的股票，未来的彩票大奖号码。然后你就可以悠闲地变成一个钱怎么都花不完的富翁了。但是如果你知道昨天的彩票大奖号码，有任何价值吗?

但是，这些信息都是稀缺的，是难以获得的。如果你想在股市上驰骋，就需要有大量的行业知识，或者深刻理解股票市场本身的规律，当然或者你运气很好，遇上了10年不遇的大牛市，跟着全国人民一起发家，可惜最后一种方式的很多成功者，在接下来的大熊市，不仅牺牲了全部的身家，还赔上了未来几年的全部家用。

这样的信息不可能出现在你的微博和朋友圈里。

为什么我一直倡导大家读书呢?

因为大多数人不读书，所以，很多并不稀奇的道理，并不难懂的道理，就稀缺起来。你掌握了这样稀缺的信息，就掌握了别人没有的能力和价值了。

2007~2008年的时候，我和霍炬在开咨询公司，客户询问我们能否帮他们提供一套搜索系统。我知道Lucene可以用来做搜索，于是买了两本书，《Java 语言入门》和《Lucene 实践》，当时国内可能有百万 Java 程序员，所以，《Java 语言入门》并不是稀缺的信息。但是，Lucene 当时在国内还不流行，知道的人还不多，《Lucene 实践》在国内的销量可能还没过万，再加上不是谁读了都能读懂。所以保守估计，国内当时可以做好 Lucene 的人可能也就在百人左右。所以，看这两本书的结果是，我写了一套系统，当月上线，几天后就卖了10 多万，后来一直都有客户。我们还用这套系统开了另外一家公司，融了 75 万人民币的天使。

信息的价值可见一斑。（利益相关：这公司后来我们运营得不好，且遭遇美国次贷危机，没有融到 A 轮，无疾而终。）

如今国内可能有上百万 iOS 程序员。所以，iOS 并不是什么稀缺的知识。但是，2009 年，iOS 刚有 SDK 的时候，我就开始学习了。那时候，全北京估计只有 20~30 人会写 iOS 程序。于是，当网易有道想迅速推出一个 iOS 版本的有道词典的时候，他们很难找到人，自己的程序员也一时不知道能不能学会。他们辗转问了很多人，通过一个朋友找到了我，我帮助他们做了有道词典的 iOS 版的第一个版本。大概 1~2 年后，有道词典 iOS 版本就做到了上亿用户。这是我历史上写的最火的 App，但是我从来都不是网易的员工。做到这件事情，正是因为我在合适的时间，掌握了稀缺的信息。

2. 你的蜜糖可能是他人的毒药。信息亦然，你的信息也许是别人的噪音，你的噪音也许是别人的信息。

大多数时候，街边的小广告是我们最反感的一种噪音。我天津家里的楼道里面到处都是小广告，墙上有，楼梯上有，楼梯下方也被贴满了。大家铲了，他马上又给你贴上，墙刷了一遍又一遍，它们总是春风吹又生。

但是，那年我刚好要在北京的广安门附近租房子的时候，让我迅速找到房子的正是房东贴的小广告。

对每天路遇的上万个暂时不想换房的人，那条小广告就是垃圾。而对那个正好走过，也正好想换房的我，那条小广告就是信息。

所以经常有人来问我，Tiny 叔，我是一个大学生，我该看什么书？Tiny 叔，我是 iOS 初学者，我该看什么书？

你就是你，你该看什么书别人怎么知道？自己需要什么书是根据自己的需求来的，是自己在大量的阅读中体会出来的，找别人推荐就是找捷径，就是不走脑子，就是想被洗脑上瘾，不停地想找些垃圾来毒害自己。

3. 深度信息的价值

这些年，我不断地跟人说多看书的好处。

第一是因为现在看书的人很少，你只要看书，就可以脱颖而出。

第二是我认为对你最核心的是成长，而成长就是不断地用体系化的知识，倒逼自己大脑进化。你看几万条微博和微信朋友圈，不如找到一本薄薄的 100 页的好书带来的成长。

大多数的微信公众号也是浅信息，但我一直坚持用比写书的要求还高的要求来要求自己。每一篇文章的立意是揭示大家的一些认识误区，起到当头棒喝的作用，力求有价值，力求可以帮助大家成长。

什么是深度信息呢？一般来说经典书都是。

但是，其实有时候，书没有好坏，关键是对你是否有价值。比如，《人月神话》这本书很薄，其实就是在讲一个非常简单的道理。就是说，建筑行业小工可以 10 个人一起砌一面墙，所以，10 个人砌墙比 1 个人快 10 倍。而软件行业，因为代码的耦合性，管理方法的耦合性，往往人和人之间有非常强的依赖关系，经常 10 个人码代码，达不到 1 个人的 10 倍快，甚至有时候 1~2 倍都达不到。所以这个行业其实很原始啊。这个道理简单吗？几十个字也可以说清楚，但是这是一本非常有深度的书。

它揭示了一个我们在之前不知道的理解世界和理解行业的维度，提供给我们一个在软件公司管理里面时时刻刻都需要思考的问题。

有很多书都是这样的。有很多人说，读书有什么意义？那是因为你没看到这样的书，或者说看到了这样的书，你没有看懂，没有看进去。如果你做不到从好的书里学会新的思维方法，那么读书确实是没有意义的。

信息，从来都稀缺，因为信息本身稀缺，也因为信息是有方向维度的，不适合你的信息不是信息，同时，人人都知道怎么吸收一些浅度信息，但是很多人不知道怎么吸收深度的信息。所以，大多数人喊着信息过剩的时候，他们的脑子里面只是垃圾过剩而已，我们应该做一个对真正的信息极度渴求的人，对垃圾主动抗拒的人。

判断一切问题的维度很简单，就是我们一直说的，一切从自己出发，从自己的需求出发，从自己成长的角度去考虑。如是。

一 相信未来

前几天我的状态不太好，所以没有写长文，其实是不是假期都是借口。虽然我每天都在写鸡汤，都在讲道理，但是实际上，我的心情可能比你们更容易低落，我也经常会怀疑未来会如何，经常有迷茫之感。

前几天，我就在这种心情里面无法自拔，也许是因为思念，也许是因为天津那两天都在下雨，想出去走走都没有办法走。

我有一段时间非常想移民，而且确实也在做一些准备。但是，后来我放弃了着急移民的想法，我迟早还是会移民，但是不着急。

为什么呢?

因为那时候，我把移民当作一个简单的 way out（出路），但是事实上这个世界没有简单的 way out。你现在享受的一切，你现在承受的一切，都是以前你做的种种事情的后果。没有任何一个简单的决定可以让你幸福，没有一条简单的路通往快乐。

我之前经常说，我们需要锻炼身体，多活几年，才可以见到更多的事情。为什么会有这样的感触？正是因为我一直以来都忽视了身体，老以为自己年轻，老以为只是胖而已，随时随地可以减，着什么急呢？结果得了糖尿病以后才发现，虽然吃了药以后可以不痛不痒地过一辈子，但是真正想有好的生活质量，需要严格控制饮食，需要经常锻炼，需要控制体重，控制体脂，等等。早知现在何必当初呢？

可是，后果已经产生了。如果我移民了，糖尿病就会迅速被治愈吗？也不会。

我之前的文章写过，我的200多斤的体重是一顿一顿吃胖的，也是一次一次不锻炼积累下来的，它怎么可能在一夜之间消失呢？

所以，急躁无用。

很多时候问题在于，我们看着一个长期积累下的结果，只想一夜之间改变，那当然做不到。

所以，你就会有挫败感，你就会有无力感，你就会想说，努力好难，不如放弃吧。

我对这个环境也经常有无力感，就像对我自己的无力感一样。

我常常会担心我们会遭遇一次经济大危机，这在5年前也许是杞人忧天，但是在今日，已经越来越像是写好的剧本了。

但是，我们能怎么办呢？

我们活在这个因果里面。

所以，我现在相信未来，相信明天会更好。

相信未来会好，不是相信未来的每一天都会好，不是相信未来的每一天都是光荣的美好的日子。

而是，我相信，即使未来遭遇什么样的困境，我们都知道我们应该保护什么，坚守什么，继续做什么。

而是，我相信，一切都会在我们的努力下，慢慢变好。

而是，我相信，努力，未来不一定变好，但是在未来的多变前景下，不努力怎么都不会好。

我们有时候因为对未来茫然无知，就像在一个大沙漠的中央，停在这里一定是死，那么你选择走呢，还是停呢？

这两条都不是什么 easy way（捷径），但是我们永远都应该选择那条可能有生机的路。

4 PART

我们都活在生活之中

我希望这本书的读者都是有心障的人，读了这本书以后，学会了突破心障的方法，然后获得了内心的自由和快乐。如果你是一个有心障的人，这本书，对你的价值可能是1000，但是如果你没有心障，这本书能帮助你的就少多了，也许只有100。

一 想变有钱，先学会像有钱人那样思考

写这个题目有点儿危险，毕竟我们活在一个玻璃心人数爆表的国家。

我在我自己的微信公众号发了几张自己的照片，结果有人跑来说，你太丑了，不要老来恶心我们。

我放了个打赏链接，结果有人跑来说，本来觉得你的文章不错，但是自从你开始要饭以后，我觉得你的文章都是道貌岸然的了。

有篇文章贴了一张寓所附近的照片，感慨了下这样的蓝天白云在国内不常见，结果有个人跑来骂我说："外国的天比中国的蓝吗？外国的云比中国的白吗？崇洋媚外的家伙。"但凡长了脑子的人都知道，外国的月亮不见得更大更圆，但天就是比你蓝，云就是比你白，

这也有人玻璃心啊?

所以，谈有钱和有钱人怎么思考的问题，我会被怎么骂呢？我满心期待，期待有人玻璃心出来新的花样，让我在未来万一哪天无聊苦闷的时候，可以笑出声来。

我父母对我的影响非常深远，虽然我父亲只有小学学历，我母亲连小学都没毕业。但是他们对我的很多言传身教，我觉得受益终身。今天不讲全部，只讲一点点。

我父母很节俭，但是经常跟我说一句话，咱们家在穷的时候也没有饿过你的肚子，我们也没有吃不上肉。这话听起来轻描淡写，甚至没有啥值得骄傲的，对吧？但是其实也不然。我到了成家立业的年龄后，有些事情我才知道。比如，我父母刚刚结婚几年就来了天津，我生在天津。当时结婚在老家都讲排场，虽然他们自己不在乎，但是家里老人要讲，结果结个婚闹了几百块钱的饥荒（就是欠债）。现在几百块钱不算什么，那是在我爸爸一个月才几块钱工资的年代。

他们两口子在我十来岁时才慢慢还完了全部的外债。但是就在家庭收入很低、自己很节俭的日子里，我从来没有觉得自己是一个穷人。时不时地有肉吃，过年一定要买新衣服，虽然不铺张，但是一定做一个富足的人。

就在我上大学的那几年，一方面是刚刚自己管钱，一住校就是半年，在四川跟父母远隔千里，一方面是我以前确实手里面没有太多钱，所以我经常花超支，一超支就跟父母打电话要钱。那时候我爱买书也是成癖，在大学期间就有价值几千块钱的藏书。而到了前几年，我父母才告诉我，就在我刚考上大学的时候，我爸爸内退了，工资刚刚涨到4000~5000没一两年，内退了就只有几百块钱一个月。这些事情他们都没有告诉过我。

我告诉他们，我花钱花超有时候是因为吃得比较好，他们就说，出门在外，没有父母照顾吃好点儿是对的。我告诉他们花钱花超是因为买书，他们就会告诉我，买书是对的，好好学习才有好的前途。

我父母对我的这种教育的坏处是我花钱喜欢大手大脚，但是好处是，我遇事大而化之，从来不斤斤计较。

我谈这么多想说什么呢？

人需要对金钱有安全感。如果没有安全感，就容易走上歧途，或者形成被害者心态。

这个世界固然不公平，但是对大多数人来说，只要你努力，你就可以过得更好。如果可以心安，就可以让自己努力，慢慢追求自己的个人成长和安全感，最终都会不错。但是，每时每刻都觉得自己钱不够花，觉得这个世界欠你，觉得不占便宜就没法生活，这样的人只是容易把一切问题都归结于别人身上，很难找到自己内心的问题，获得成长。

这世界上有无数的路，你走你的好了，别人走什么与你无关

想写这个话题，是因为之前有人在后台问我，说公司里面有很多人炒股，老板也在炒股，之前赚了很多钱。他并不喜欢炒股，但是经常犹豫要不要去炒股，觉得不去炒股的话，就跟财富擦肩而过了。

这种心态其实非常常见。我很喜欢逛上海的淮海路，经常可以看到一辆辆超级跑车在身边缓行，虽然我嘲笑他们在拥挤的淮海路根本开不起速度，还没有我步行快。但是我知道，那些车有的价值100~200万，有的甚至700万，我在上海连一套200~300万的房子都买不起，但是，人家开着玩的车是一辆法拉利，是一辆玛莎拉蒂。你说我真没有眼馋过吗？才不是，我每次都是强忍着口水才能继续前行的。

我是1994年上高中的，2014年8月，我的高中同学搞了一个青春20年的大聚会，全班40多人那天到了三十七八个的样子。在高中关系最好的同桌没来（一个一直暗恋的女同学），但是其他玩得好的男生，以及其他非常喜欢的女同学都来了。无限唏嘘，两张大桌子，大多数人大学毕业以后，回到了我们父母的单位，其他人也至少都在石油系统里面。我是非常另类的一个，大学毕业在天津干了3年网管，后来在北京做了7年程序员，后来去上海待到现在。我的同学们大多数都很早就买房买车，很早结婚。

只有我，一次次离开熟悉的环境，在外面漂泊，每一次换一个城市，对我最大的伤害就是有一些非常好的朋友不能经常看到了。慢慢地，认识了一堆好朋友，然后慢慢地远离，虽然仍旧是心中互有牵挂，但是慢慢地走出彼此的生命。

你说这些年，对自己的人生选择，奋斗路径，我从来没有过怀疑吗？当然不是。而那次同学大聚会上，是我心情最沉重的一次，所有儿时最好的朋友都在一桌，他们很多人大学毕业都是继续一起成长，一起在半夜喝酒撸串的，而我一次次地出发，一次次地远离。大多数的朋友，都走了相对平稳的一生，进入一个比较稳定的大国企，一点点地奋斗。只有我，这14年来，换了无数的location（位置），换了无数的工作。

聚会完了以后很多天里我都沉浸在这种情绪里，就像游戏过半，突然发现自己选了一条分支剧情，但是看到另外一条分支剧情的美好。

后来，我想起了我大学里最苦闷的那几天。那时候，我因为非常喜欢搞计算机，不喜欢上我自己的专业课，经常旷课。结果在大三的下学期，我挂了 11 门课。老师打电话把我父母叫来了，我父母非常丢脸地来了学校。但是他们最后还是很宽容，原谅了我，帮助我跟老师求情，帮我找了一些关系，最后把这个问题解决了。他们走后的一天，我躺在宿舍黏糊糊的凉席上思考人生。先是无限懊悔，然后我复盘，我到底能不能把那些专业课学好。我想来想去，觉得不可能。在那天，我发觉，我就是喜欢写程序，不管有什么困难，有什么诱惑，我改变不了我喜欢的东西，我可以应付大学学业一直到毕业，但是，我改变不了我内心的想法。我选择放纵自己的内心，一直至今。

后来毕业的时候，我又陷入了苦闷之中，我是先回父母的单位，有份稳定的工作，然后业余做自己喜欢的事情呢？还是直接去找份工作？因为这种犹豫和纠结，毕业以后，我在家里啃了 3 个月的老，父母问我去找什么工作，我说我还在想。直到有一天，我妈妈用扫把把我打了一顿，赶我去找工作。我才准备了一份简历，找到了一个网管的工作，就因为当时招聘我的人事经理说，网管同时也需要写程序。我为了我想做的事情，愿意趴在别人的桌子底下，把他们用脚不小心踢开的网线插上。

其实，我一直都不是一个内心很强大的人。但是好在随着年龄和阅历的增长，我觉得我的内心越来越强大。我无数次经历过忧郁和纠结，但是，慢慢地，我觉得这些都是在浪费生命，我们应该做的就是去做自己喜欢做的事情，做自己擅长的事情，做自己有激情，可以让自己快乐的事情。一切其他的东西都不重要。

这世界上有无数的路，哪一条路都可以通向成功、幸福和快乐，关键是找到自己的路，别人走什么路，跟你并没有什么关系，核心问题是坚定地、大步地前进。

自信心要如何培养？

生活中，我们经常遇到一些非常优秀但是默默无闻的人，限制他们发展的一个主要因素，就是他们没有自信心。这个世界的每个人都没有透视功能，你说你胸中有丘壑，你说你腹中皆是锦绣，但是你不能表现，不能在生活和工作中施展的话，那其实就是废的，给你和社会带不来任何的价值。

我之前经常劝很多程序员多写blog，大多数人的反馈都是我不会写啊，我怕写不好啊。其实，我写得也不好啊，写得多了，慢慢地就比以前写得好了，慢慢地发现，有时候虽然你写得不够好，但是因为有不同的视角，因为有信息量，还是可以被别人喜欢，给大家带来价值。

关于如何培养自信心，我讲两个方面。

第一，其实大家都一样。

我不比大多数人聪明，但是我也不比大多数人傻，这条道理很简单，但是我一生无数次发现这个道理以后，才开始笃信它。

我的第一次上台朗诵

初中的时候，因为语文成绩还不错，所以某一次大会前，老师让我准备一个诗朗诵的节目。我就找了一首听起来还不错的诗，现在想想可能也是一首比较俗的大白话一样的现代诗词，不过当时我觉得很不错，我自己准备了无数次，觉得可以背得滚瓜烂熟了。到了朗诵的那天，我特别注意在我前面表演朗诵的同学，我发现他们声音都变了，而且结结巴巴的，还有明显的忘词。我心想，这样我该出风头了吧。

结果等到我朗诵的时候，站在台上，看着下面乌泱泱的人，我马上就腿软了，差点儿没摔倒，脸一下就热了起来，介绍自己的时候结结巴巴的。我眼神飘过人群，迅速地把那首诗背完下台了事，虽然是尽了全力快速背，但还是觉得自己在台上待了几个小时一样。我想这下子要丢大人了吧。结果下来，一个副校长还跟我扯了几句这首诗的意思。走回到我们班的队列中，同学们都说你刚才朗诵得真好，一点儿都不紧张。我当时都快哭了，原来这就是朗诵得好啊。那一次我就有点儿明白，其实在台上和台下面感觉并不相同，你心里面怕得要死，下面的人不一定知道，只要你掩饰得好。我现在演讲多少人的场子都做过，人少到 8~9 个，我可以谈笑风生，1000 人也无所谓，其实只要你不端着，很自然，没人会觉得奇怪的，就这么简单。

现在演讲的时候，看着下面的漫漫人群，我有时候仍旧会紧张，不过现在我知道，紧张的时候不看他们就是了，或者问几个简单的问题，得到他们的回应和笑声，你就会不紧张了。

那次分数超过了无敌学霸

还是初中，从小学到初中，我在班里面分数都是名列前茅，但是不稳定，有时候可以得第一，有时候会落到第 10 名、第 15 名。一般的老师都很喜欢我，但是也经常批评我不够稳定。我有一个从小学到初中都在同班的好友，他是一个超级稳定的学霸，老师和家长都让我学习他。他每次考试都是第一名、第二名，就算是得第二的时候，跟第一的分数也非常接近。我从小就在想，我怎么能做到他这样呢？好难啊。

有一次数学考试，老师事先给我们打了预防针说题目很难。结果考试的时候果然是这样，我一路吐血地做着，草稿纸早就被画满，只好在旮旯里寻找空当进行计算。考试过半的时候，我瞟了一眼离得不是很远的学霸哥，他貌似早已做完，非常淡定地坐在桌前，看着自己的卷子。我当时整个人就慌了，赶快继续写，等到考试结束的时候，刚刚写完，有好几道题完全没有把握。下了考场，我问他考得怎么样，他说还好。我心想这下子我要丢大人了。

几天后，分数下来，我才 85 分，但是很意外，这是班级最高分，学霸哥也才 70 多分。我就很惊讶，下了课问他，为啥分比我低，我说考试的时候看着你很淡定，好像都会答的样子啊。他说，有些题看完觉得答不出来就撂在那里了，仔细地检查前面简单的题呢。

那次过后，第一我明白了，学霸也不是神，也有不会的题。第二学霸考的不是聪明，而是努力和认真。第三人家定力比我强太多了，我早慌神了。

我搞了天津的第一次 Mop（猫扑）聚会

在我上大学的时候，Mop 更主要是一个游戏论坛，我不是非常 hard core（核心）的游戏玩家，所以有人推荐的时候，我都没有特别去看 Mop。但是后来我发现 Mop 的很多话题还挺对味，就慢慢地越混越多了。

我大学毕业以后，去了天津市里上班，我的家在塘沽，同学朋友也都在塘沽。我自己一个人在市里面租了一间很小的房子，房租才 200 元。那时候下了班都很无聊。有一天，我就想说在 Mop 里面认识一些在天津的人吧，一起玩玩，吃吃饭，聊聊天啥的也好。

于是我就发帖问，Mop 在天津有没有聚会，如果有的话，我想去参加。结果那个帖子还挺火，大家都告诉我，没有聚会，但是如果有聚会也想参加。当时 Mop 北京经常搞聚会，玩得很 high（兴奋），大家都说希望搞搞。

其实，我本来只是想参加一个聚会的，怎么也没有想到，我会去组织这个聚会。发了那个帖子以后，QQ 上加了几个天津的 Mop 用户，其中一个到今天都是很好的朋友。他就一直撺掇我搞这个聚会，如果只有我一个人的话，我也确实没心气儿。既然有了他，我就开始正正经经地搞了。发了一个帖子，说某年某月哪里聚会，请大家留电话，报名。临到聚会的前几天，我还给每个人打了电话，确认他们会不会来。

当时我还不认识我后来的好朋友霍炬，很多年后，他突然想起那次聚会他也是报名了的，但是接到电话的时候正好人在北京去不了。他当时对我毫无了解，但是觉得这个人聚会居然想到电话确认，应该是很靠谱的。

后来，Mop 天津搞了很多次聚会，我认识了很多朋友，那几年也经常是夜夜笙歌，玩得很 high，直到我离开天津去北京为止。

其实这世间大多数人都差不多，站出来的人和没有站出来的人，往往没啥区别，区别只是站出来了而已。

第二，一次次的正反馈会放大你的自信心。

这一段是想说，虽然一开始没有区别，但是不管你做什么事情，只要坚持地做，一直去做，做到某一天，你做得真的比别人好的时候，你的自信心就会放大，你就会想去接受更大的挑战。

我的公众号 Tiny4Voice，最早是在 2012 年就有了。但是当时我费尽心力，也只弄到了2000个粉丝，于是我就没有什么太大的心气儿，写的文章也一般，也没有多少人转发。

大概在一年多前，我减肥减掉了 20 公斤后，我公司的业务也进入正轨，我就开始总结我自己从人生最不顺的那几个月慢慢走出来的经验。一开始就是跟朋友在饭桌上的谈资而已，后来有一次跟简书的 CEO 简叔聊过一次后，他鼓励我写成文章。我在简书写了一些文章，就突然想起这个一直没有做好的公众号。

我想，我每天都写一篇文章很难，但是我每天录一段语音，讲一个小道理应该很容易，而且我的声线比较特殊，听起来不那么苍老，很讨巧。结果试了试，我发现，这 2000 多个粉丝的反应非常正面，虽然这个形势很难涨粉，但是跟 2000 多个粉丝互动的感觉很好玩。于是我就当作一件事情慢慢地做下去了，一直录了 60 多条语音。

再后来，我偶然写了几篇长文，反响不错，我想就继续写吧，但也是断断续续地写。

再后来，冯大辉、池建强等我的朋友们推荐了我的公号，让我涨了不少粉丝。

再后来，我的一个演讲被整理成一篇文章，在微信上大火，我的粉丝一下子暴涨，在一夜之间从不到一万涨到了两万多。

再后来，我想既然有不少人喜欢看我的文字，我就好好写吧，争取每天都写。

再后来，感谢微信里的朋友，邀请我开通了原创、打赏。我的打赏金额持续飙升，最近已经足够每天出去胡吃海塞了。

我觉得成长有时候就是我们一点点地做事情，做好了一点儿后，得到一些回应，我们自信心增长，去挑战一些难度更高的事情，获得更大的回应，然后继续挑战，就是这么一个循环。

知乎上有一个问题叫作："假装成大神是怎样的一种体验？如何假装成大神？"不知道为什么有人 @ 我，也许觉得我是一个假装的大神吧。下面是我的回复：

> 既然有人 @ 我，我就回复一下，总有人叫我大神，但我不是什么大神，我只是个普通人。
>
> 所有的大神，都是在其他普通人跪下去以后，才显得高大的。
>
> 所以，不需要装，这世界喜欢跪的人太多，有时候拉

都拉不起来。

其实，我认为人人都是一样的，优秀的人只是更早地悟到了这个道理，而且比普通人做得更多而已。

我们应该平视所有优秀的人，不要以为他们有什么独特的天赋，我们可以学习优秀的人做事情的方法，从而让自己优秀。这才是进步。跪在、趴在地下仰视，对我们没有任何的意义。

除了选择坚强，我们还能怎么办？

自从跟楠楠在一起，一直有人说什么人生赢家，我很幸运，等等。其实这多少有点儿滑稽。从 2000 年到今天 15 年的时光里，我正经只谈了三次恋爱。第一场，持续了 2 年。第二场，持续了 3 年，结了婚生了孩子，最后还是分了。第三场到今天，也就是 3 个月的样子。所以，我的人生大多数时候是非常孤独的。

跟楠楠在一起后，我突然发现，以前的很多工作和生活的习惯是那么的特意为单身而优化。喜欢走路的时候听歌和听英文 Podcast，还不是因为一个人走路太无聊了吗？出门一定要带一个充电宝，还不是因为走一整天没有人陪，除了刷微信、微博还能做啥？

其实就在三四个月前，就是我最苦闷最孤独的时候。我时常在想，我是不是没有希望了，我是不是会注定孤独一生。

这种状态，在我们程序员和死宅人群里面，其实还蛮多。我公司的 CTO 在大学有个女朋友，后来分手了，分得非常狗血。他到现在还是单身。他也不是没有过喜欢的人，但是显然不知道怎么去追，习惯单身和死宅太久了，整个人都有种死宅的味道吧。

去年开始，我非常想摆脱这种状态。离婚后，我一直活得非常逍遥，想理发就理，想刮胡子就刮，想洗衣服就洗，换言之就是，不想理发就不理，不想刮胡子就不刮，不想洗衣服就不洗。

我去迪卡侬买了很多合身的 T 恤，扔掉了那些老旧的不合身的衣服。我开始每天早起刮胡子，用洗面奶好好地洗脸。我开始每天认认真真地洗衣服，我开始经常去理发。然而，并没有妹子主动冒出来，说她喜欢我。

我苦思冥想不知道问题出在哪里。后来，我终于明白，我每天除了在家里，就是在各种技术聚会，唯一可以接触到其他人类的时候就是在地铁上，毕竟地铁上的人们都太匆忙，没有空理我吧。

于是，我开始喜欢去逛那些妹子们有可能会喜欢逛的地方，高大上的商场，小资的街道，田子坊，南京路，淮海路，新天地，等等。大概又过了很久，我才认识到一个非常悲哀的现实，妹子们是从来不独自去这些地方的，要么是跟男朋友挽着手去的，要么是三五闺密一起去的。落单的妹子，是从来不去这些地方招自己不快的。

后来我试遍了国内国外所有的婚恋交友网站，一个妹子没找到，倒是在网易花田，遇到过几个在微信上就已经加过的粉丝妹子，还有个男孩儿给我留言说很喜欢看我的文章。我心说，这他妈的是什么网站你不知道吗？在这种网站收到一个男人发来消息，你知道我有多炸裂吗？再后来，我已经对所有潜伏在婚恋交友网站里面的骗术类型了然于胸，仍旧没有发现妹子们的踪迹。我开开关关网易花田的账号几次后，彻底对这类网站失去信心了，原来这还是一个看脸的世界，不管是线下，还是线上。

再后来，我想到一个好办法，在我的微信公众号上，在任何其他渠道里，只要有妹子想加我就通过，只要妹子约我见面，我就大大方方地去见，如果妹子不约我，我就约她。结果，前前后后，大概也见了上百个妹子了。然而并没有什么用。原来这还是一个看脸的世界，不管是线上，还是线下。

然后，我就基本上死心了。我觉得人生基本上就这样了。我就这样耗尽了青春，走到了一条死路之上，那一阵我非常低落。

然而，一切只能平常心对待，有人喜欢我固然好，没有人喜欢我也是非常合情合理的，毕竟我太胖了，也太老了，同时也有太多的思想和情绪问题，还有孩子，还没有钱。

再后来，我平和了，我无所谓了，反而不知道为什么运气好了。

今天想想，真的有点儿像那天我和楠楠玩抓娃娃机，扔进去了几十个币，一个也没有抓到。最后，玩了一堆别的游戏，只剩 30 个币的时候，我们想干脆把剩下的币都浪费在抓娃娃机上吧，又抓了几轮，突然之间，中了一个，换了台机器，又中了一个。最后，我们是带着 5 个公仔离开的。

这世界太小，我们都很难找到喜欢的人，这世界又太大，很容易错过那个也许是对的人。

面对不预知的未来，我们应该如何呢？选择放弃的人，结果当然就是失败，这毫无疑问。有任何期待的人，你除了坚持以外，并无其他的选择。

所有人都伤害不了你，伤害你的总是你自己

有段时间我的程序员论坛被 DDOS 攻击，今天早晨攻击的量到了每秒 5G，到现在为止有 4~5 个小时了，一直也无法访问。不过我的心情并不坏，无所谓，我自己把服务器搞垮一天半天的事情又不是没有发生过。

以前发生这类事情的时候，我都是很焦急，现在也许是想开了，也许是习惯了，我觉得无所谓嘛，一台服务器一年要服务 365 天，每天 24 小时，也就是 8000 多个小时，有 5 个小时无法访问算啥啊。

这些年，我最大的变化在于，认识到外界对我们只有催化作用，我们自己的心态如何还不是全靠自己。

以前，我写文章或者写代码的时候，稍微有点儿动静就没有办法集中精神。现在呢，我在邻居装修的情况下，照样可以写东西，

我的公众号一个月前的那些文章就是在震耳欲聋的阵阵钻墙声中完成的。而今天这篇，写在一家咖啡馆里，周围的人都在旁若无人地大聊特聊，搅拌机正在打碎冰块做冰沙，而这一切，丝毫无法打断我，甚至不能影响我的打字速度。

之前，我的论坛有人抱怨办公室里面太吵，没有办法写代码。我给他的回复是，不要去理，扎进自己想做的事情里以后，什么都听不到了。大多数人可能理解不了我这样的说法。其实问题很简单，很多时候，环境是你无法改变的，而你的内心呢，是你自己可以锤炼和强化的。解决一切的外因都只有暂时的效果，解决内因的效果才长期持久又可靠。

所以，公众号后台有人问，我不喜欢某某工作，我该怎么做好呢？我只能回答说，人生苦短，不喜欢就别做，找份喜欢做的工作吧。

当你做一件事情有足够激情的时候，一切其他的都不重要，如果你体会不到这种感觉，please（请）暂时相信我，在生活工作之余，去寻找这种感觉吧。

这些年，我很少写激昂的文字，很少在微博吵架。为啥呢？有些事情我慢慢地看淡了。嘴上占个上风对我来说太简单，但是有什么用处呢？吵架吵赢了可以涨工资吗？吵架吵赢了可以移民吗？

别人骂了你一句，没有人心里会痛快的，但是他的谩骂只在那一个瞬间可以伤害你。可是如果你念念不忘，那么你就会持久地自己伤害自己。我现在对待所有谩骂我的人，直接拉黑，删除回复。然后，迅速忘掉。

我见过太多人太关注别人的评价，所以活得很不快乐。这个世界有各种各样的人，有各种各样的评价标准，不管你多厉害，你也不可能取悦所有的人。关键在于找到自己真正在乎的人，找到自己真正在乎的标准。这样我们才能活得更容易，也活得更精彩。

一 这世间并没有一种东西叫作拖延症

缘起

小时候，我父母一直教育我要好好学习，小时候的我非常淳朴，上课就非常认真，做作业也是。第一年期末考试前，我说我复习完了，我妈就很担心我不能耐心复习，要求我再复习一遍，再复习一遍，我还是很快完成了。我妈就非常担心我还是没有认真地复习。于是我想出了一个主意，我把语文课本翻到全书的生字索引目录，告诉我妈，我可以整个儿背下来。真的背下来后，她相信了。那一年我考了双百。

后来，随着年龄的增长我开始变得浮躁，我发现我还是有点儿小聪明的，根本不需要这么认真就可以考还不错的分数，而且大多数时候学校老师教的东西都太简单无趣，我就开始慢慢变得没那么认真和有激情了。那一年，数学老师做班主任，我当时数学在班里面最好，于是她让我当课代表。

有一天，我忘了写作业，但是把全班的作业交给她的时候，她问我齐了没有，我就说齐了，她也没有点就走了。那一天我都很紧张，怕她会发现，结果第二天一早，她让我把作业发下去，提都没提我没交的事情。就这样，我就开始了连续一年多没交过数学作业的生涯。有一天，她很生气，在课堂上很激动地说，某某题已经讲过了好几次，昨天的作业怎么一个同学都没做对？她还问我，郝培强，你怎么也没做对？我支支吾吾的，她就说你作业本呢，拿来我看看。我当然拿不出来，于是露馅而儿了，我人生第一次的“从政”生涯就这么草草结束了。

也许是那一年养出来的习惯，我放了学回家第一件事情就是玩，往往到了第二天早晨，才会去看老师布置了什么作业，在临上学前赶作业。这样当然常常赶不出来。所以就出现了很神奇的一幕，我经常因为成绩得到很多老师的青睐，同时也经常因为交不上作业被老师罚站。小学的时候，曾经有一段时间，我天天早自习在暖气片上补作业，那时候，每天一上早自习，我和另外两个惯犯就会自觉跑到暖气片旁站着写作业。老师看着也是好气又好笑。

到了高中，我长期坐在我们的美女班长后面，她负责收全部的作业，每次她会扔一个作业本给我让我抄，我经常选她的来抄。她最不爽的是，我经常边抄边给她改错，从来不肯消消停停地原样照抄。

上班以后，一开始，公司就在我租的房子不到500米的地方，我很少迟到。然后，过了半年，我换租到了一个朋友家，离公司有点儿远，每天打车上班，但是天天都迟到。

后来我听说了一个词叫作拖延症，我如获至宝，终于知道自己有什么病了。不过既然这病这么流行，也就无所谓了，不管去哪里上班，我都迟到，不管写什么文章我都拖稿，不管做什么项目我都delay。朋友有时候说起，我就一摊手，我有拖延症啊，你拿一个病人该怎么办?

转变

直到去年我开始喜欢走路，我意外地发现，不管去哪里，虽然都是走路和坐地铁，我从来都不迟到。我一开始还以为有什么魔法，不是汽车更快吗？不是打车更舒服吗？为什么坐地铁和出了地铁走很远的路，反而会更快呢？我开始仔细观察自己，我发现，打车30分钟你可以舒舒服服地玩手机，所以在你的感觉里就跟5分钟一样；而走路5分钟，因为你懒，你就觉得跟30分钟一样。我们的感觉并不能切实地表达这个世界的真实。

而地铁和走路基本上是速度恒定的。打车则受路况的影响非常严重。同样一段路，运气好的时候10分钟过去了，运气不好的时候可以堵40分钟。我们选择打车往往都是因为时间已经来不及了，所以很着急。因为打上车以后，几点到就不受你控制了，你的急躁就得到了一定的缓解。但是，如果你想要一个稳定的速度，有时候略慢一点儿的地铁是更好的选择。

这使我最早开始思考，对急和快的关系，我们的直觉往往是错的。我以前在文章里讲过，大多数人以为自己求快，但是他只是着急，所以，实际上反而快不起来。

这之后，我就变成了一个非常守时和靠谱的人，跟朋友约会，往往都可以做到非常精确地准时到达。如果行程比较不可控，我就会选择早点儿到达，看看书，休息休息之类的。

增强

这之后，我就开始思考其他的拖延问题。我发现其实并没有一个统一的原因造成我拖延。

有些文章老是拖稿，为啥呢？我是出了名的快枪手，写一篇文章往往就是想好创意以后10分钟打完。拿《我是怎么学英语的，四级没过如何突破听说读写》这篇万字长文来说吧，其实我也就写了一个白天，5~6个小时，基本上就是除了喝水、上厕所、找Wi-Fi和走路的时间以外，写的时间都是在飞快地打字。但是，我以前确实经常拖稿。那时候写东西一样快，只不过那时候经常答应媒体写一些我自己并不一定非常有感觉的命题作文。想通了问题在于命题作文后，我就再也没有拖稿了。要写就写自己有感觉、有体会的话题，所以都可以喷薄而出，一气呵成，几乎完全不加修改。（所以，经常会有些笔误，但是我不在乎，内容完全超越形式的时候，形式的价值就不大了。）

以前我跟大家一样，订了英语学习的计划老是完成不了。我仔细审查了一下发现，原来是因为计划太过急进，同时节奏并不合理，也没有合理的分解流程。如上文提到的长文所述，就很简单。我不再做什么每天背多少单词的计划，每天看多少文章的计划。我只是简单地把全部娱乐变成了不加载字幕的美剧。（活人不要被尿憋死，经常有人问我，找不到这样的美剧怎么办？找得着就看，找不着就用东西把字幕遮着看。快饿死的时候，碗里面有肉，有筷子你吃，没有筷子，你就不吃了吗？）结果两年下来，达成的目标，远超了那些天天辛苦背单词的人。

所有所谓的拖延问题都被我解决了，但是我从来没有去解决过一个叫作拖延症的东西。

拖延症这个概念是有害的。因为每个人的拖延都有无数的原因。假想存在一个具体的病症，而不去根据具体的事情具体分析，这是很多人的拖延症永远得不到解决的要因。

其实方法很简单，找到生活的意义。

然后，一点儿一点儿，一件一件地解决你身上的问题，从小的开始，一点儿一点儿地放大，追求持久化，追求自我完善，追求成长。

是吧？

一 笨鸟先飞，但聪明鸟飞得更快该怎么办？

在微博看到一条反鸡汤：笨鸟先飞，然后被一只只聪明鸟从后面超过。

有很多人都很认同。我却不以为然，我的回复是：先飞是为了你比昨天早到，你非要跟别人比，这不是活该吗？你看看聪明鸟飞得过飞机和火箭吗？

我认为前面那句反鸡汤错在以为人生的意义是比别人强。

跟别人比是没有意义的，我曾经说过，你就算是月赚千万，思聪少爷还不是可以跑过来告诉你，他可以月刷卡上千万？什么时候是个尽头？

对每个人来说，都可以跟自己比。昨天迟到了10分钟，今天可以只迟到5分钟，明天可以完全不迟到，后天可以考虑是不是早到

10分钟，吃个早点，等等。

怕的是，心里面想，我反正怎么努力跑步也跑不过刘翔，怎么挣钱也超不过王健林，怎么学英语也没有老外流利，所以，干脆就算了吧。

前半部分是对的，有时候，不管我们怎么努力，在某些领域都不会成为这世界顶尖的人。

但是，你跑跑步，身体会好，可以多活几年，不好吗？

你多挣点儿钱，可以多吃点儿好的，可以让家人孩子生活更稳定，不好吗？

你多学学英语，可以更好地跟老外交流，可以看懂很多以前看不懂的书等等，不好吗？

人活着，只是为了吃饱穿暖吗？会不会太容易了？其实动物园的猴子也可以吃饱穿暖，但是，有什么意思呢？

你早起真的是为了让别的鸟看你的屁股吗？

一 梦想总是那么的美好，奈何你总是死在路口

远在我开始写这些鸡汤文之前，有一段时间，因为预见了移动互联网将大行其道，我又非常喜欢 iOS，所以我经常在演讲的时候，给大家描述 iOS 开发的前景有多么的好，学习 iOS 有多么的容易。

去年的上海 iOS Con 上，有一个朋友找到嘉宾休息室，我当时正在跟其他讲师高谈阔论。

他：Tiny 老师，可以跟你合个影吗？

我：可以。

他：Tiny 老师，两年前，我就是听了你的忽悠开始学 iOS 的。

我：哦。

他：你说，两周就可以学会。

我：嗯。

他：结果我学了几个月，痛苦得要死，根本没有你说得那么容易。

我下意识地往后躲了一下，但是不甘心地问道：那你现在会 iOS 开发吗？

他笑了下：我现在在 ×× 公司专职做 iOS 开发。谢谢你，当年忽悠了我。

我心里面一块石头总算落地了。

那两年推广 iOS 开发的日子，令我欣喜的是，我见到了很多很多的成功案例。

刚才提到的这个兄弟，以前是搞设计的，没有开发的底子。

我自己的 CTO 是一所非常烂的大学毕业的。

我的 OurCoders 论坛里面的“清醒疯子”，以前也是一所很烂的大学毕业的，搞期货为生很多年，直到有一天突然想学 iOS，到了今天，也已经服务过多家公司，在 App Store 上上线了好多 App 了。

还有最近在微博上大火的 @ 吴柯瑶 Karry 同学，她本来是在某公司做行政，也做过销售，而且一直是 ChinaJoy（中国国际数码互动娱乐展览会）的著名模特。跟我和我司 CTO 是好朋友，突然有天说想学写程序，我帮她讲过一两课入门，后来是我家 CTO 带的学生。现在也正式以程序员的身份入职一家公司了。

但是，实话实说，更多的例子是失败的。经常有人给我留言说，Tiny 老师你记得我吗？ 3 年前我跟您说过想学 iOS 开发，您看现在开始晚吗？或者有人说，Tiny 老师啊，你的学英语的文章我看了，很感动，试了几天效果很好，但是我坚持不下去，请问有什么秘诀吗？

这世界上有无数人有无数的梦想。有的人实现了，有的人始终在做梦。

实现了的人，你去问问他，有什么天赋异禀，有没有秘诀？

其实也没有，就跟我第一次要走 15 公里的路一样，我完全不敢想象这件事情。但是，走啊，走啊，走啊，走啊，擦了无数次汗，擦了无数次眼镜，喝了好几瓶矿泉水，去了好几次星巴克，然后，咣，到了。

就这么简单。

那些每次都醉心于问怎么才能走到，怎么才会更近，怎么才能不累的人，永远都内心澎湃，但是总也无法到达。

那些每天早晨说，今天再多睡一会儿，明天我就早起的人，怎么会有希望呢？

有人曾经在后台留言说，诸多借口，不就是懒得写吗？果取关。

呵呵。我写了多少字你知道吗？你知不知道出一本书的稿子我早就攒够了，无非是不着急出而已。我可以写十几万字的东西教你怎么上进，问题是你知道多少人连看都看不完里面稍微长一点儿的一篇，有多少人看到标题不够耸动就不会打开？

我写这些东西当然不纯粹为了我自己，我希望可以改变一些人的生命，但是那些不能改变的人，你们改变与否真的会影响我的收人吗？会影响我的心情吗？

最终不会，因为每天早晨8点，闹钟响起的那一刻，我就会毫不犹豫地爬起来，我知道我有无限多的梦想，我知道它们无比美妙，我知道终我一生无法实现，我不会因此而放弃那些遥远的梦想，反之，我希望我能更努力地完成它们。

我最近开始想买车了，劳斯莱斯对我这个买车预算在30万以内还需要贷款的人很遥远吧，不过也许有一天，我会买上一辆的。

毕竟，我已经实现了无数我自己当年不敢相信的梦想，我已经实现了无数别人根本不会期望我可以做到的伟业。

我肯定不会死在路口，我一定会死在路上，你呢？

一 到底有没有寒门上升的阶梯？我们有没有希望？

前两天我在朋友圈看到一篇文章《说实话，我很嫉妒那些勤奋的富二代们》，大意是讲作者接触的一些本身就很有文化的富一代家庭是如何教育子女的，不管从金钱、资源，还是理念方面，都秒杀一切寒门，所以作者很感慨。

这两天，知乎上的一个问题也很火："一个精英的诞生，家庭因素有多大？"目前榜首的回答，大意是讲美国的一本书里面介绍的一项非常合理、科学的研究，结论是，大多数精英来自精英家庭，家庭因素是决定因素。

这些问题都有很多人转载，也有很多人感慨。有人感慨说，我们都没有希望了，无论做什么都一样。

这两篇文章我都好好看了，我认为说得并没有问题，数据翔实，结论应该也可靠。社会正在慢慢发展成熟，确实不会再有大规模提升阶层的阶梯了。

那么我们应该如何呢？应该绝望吗？

I don’t think so.（我不这么认为。）

让你不能进步的恰好不是说没有了上升的阶梯，而是你自己以为你需要一个阶梯。你以为只有大家都上升的时候，你才能毫不费力，随波逐流地上升。这世界上哪有这么好的事情呢？

我讲过我司 CTO 的故事，符合普遍规律吗？不符合。我讲过我自己的故事，我高中一个班 40 多人，只有一两个离开了石油企业，所以我的故事符合一般规律吗？有多少人记得我谈过我前妻的故事，符合一般规律吗？

你为什么不能做一个出众的人？

做一个出众的人真的很难吗？

大多数人的问题是，一方面不想做出任何努力，另外一方面把自己的一切不幸归咎于社会和命运。

有一个美国故事是这么说的：

有个人笃信上帝。有一天发了大水，他困在自己房子的屋顶上，别人都在想办法逃生，他在祈求上帝的帮助。

漂来了一块木头，他不上。

来了一艘救援艇，他不上，他说我等待上帝来解救我。

又来了一艘救援艇，他也不上。

后来，来了一架直升机，他还是不上，仍旧虔诚地祈求上帝。

最后，他淹死了。

上了天堂以后，他质问上帝，为什么我这么虔诚，你都不来救我。

上帝说，我送了一块木头，两艘船，一架直升机，你都不要，你怪我做啥？

人生何尝不是如此？

小时候，你有机会好好上课，你不好好学。

工作的时候，你可以跟同事搞好关系，你不在乎。可以好好学习技术，弄懂业务，你也不去做。

每次看到英语好的人你艳羡无比，真正需要你背单词、看美剧，或者听英语的时候，你就没空了。

我们需要做的是，一步一步地提升自己。

不是吗？

成功并非只有一个标准

我的东西一直被人叫作鸡汤，我也把自己说成我在写鸡汤。这是因为很难描述这样的东西是什么，国外的书籍分类里面有一个分类叫作 self help（自助），我觉得这个词不错，比较像我想写的东西，因为我不相信我可以帮你多少，我相信最终可以帮助你的一定是你自己。我乐于做催化剂，就像我催化了我前妻，我的 CTO，以及我身边的一些有前途的年轻人。催化剂是我的作用最好的描述方式，因为我不会帮你去看书，帮你去解决实际的问题，帮你去应对你的老板，你的仇敌，你的父母和你自己。我只会告诉你，这些事情有时候确实很麻烦，但是，你能怎么样？你逃避一辈子也没有用，你不是迟早要去面对吗？

而中文常见意义里面的鸡汤不是很像我在写的东西。因为我并不相信逆袭，不相信你的金光大道就是当上总经理，走上人生巅峰，迎娶白富美。当然，我也不是那种视金钱如粪土的人。金钱当然是好东西；当上总经理，当然比吊儿郎当过一辈子好；白富美当然好过黑穷丑。但是，什么是最重要的东西呢？

我认为是持续成长和内心平静。

先说持续成长。这个社会还在剧烈地变化中，你一定会在相当长的一个历史阶段里，看到各种暴富的神话。如果你觉得钱多才是唯一的成功标准的话，你很难获得幸福。就算你开了一家年利润过千万的公司，思聪少爷可以走过来悠悠地告诉你，他的黑卡一次可以刷上千万。

但是，我们也不能没有目标。目标应该是一个永远都可以接近，但是永远不能触及的东西。

如果目标太近，达到了你就沉沦了，这个时代有太多沉沦的故事就在于此。我们的父辈经历了太多的困苦，所以在我们的教育里面潜移默化地告诉我们吃饱穿暖最重要，这在 10~20 年前确实如此。可是在今天，吃饱穿暖真的很难吗？于是很多人没有了方向。2003~2004 年的时候，我在北京的西二旗上班，住在公司东北旺的宿舍，每天我们这些外地来的 IT 民工 10~11 点钟走在上班路上的时候，都会看到路边的一块空地有些人在撸串儿喝酒，那些是东北旺那些房子的主人。附近的IT公司越来越多，当地人的房子都租出来以后，他们迅速吃饱穿暖，不需要工作，靠房租就可以活得很好。我有时候也很羡慕他们的悠闲，但是有时候会觉得，那样活着已经接近死去了。

目标太远就无法停歇。我有一个朋友家境并不好，去北京的时候最大的梦想就是买一套房子，经过了很多年的努力，终于买了两套房子，但是实际上自己还住在出租屋里面，收入已经不低了，但是压力仍旧很大。有一次，他给我打电话诉苦，说最近工作很辛苦，想退休算了。不过过了几天，又跟我说想了想还是要继续工作。后来有段时间他感情上出了些小问题，也很痛苦。我跟他认识很久，非常了解他。有一次，我就开导他说，我知道你很努力，我知道你很有想法。但是，我觉得你的很多痛苦和不快乐都来自你自己。你之前不满足于自己的境遇，这成了你成长的动力，但是，你前进了这么久以后，要学会把目标从实际的钱数转换成一个前进的方向。首先接受自己的现状，先知足，然后再继续前进。你成长的目的是什么？真的是金钱吗？不应该是生活幸福本身吗？当金钱这个目标影响了你的幸福本身的时候，你应该想清楚孰轻孰重。

最近美国有一些非常成功的企业家，可以给我们指引一个方向。最典型的是特斯拉的老板埃隆·马斯克，他是Paypal（贝宝）的创始人之一。对一般人来说，开创了类似Paypal这样的企业，应该死而无憾了，得到的现金回报也够你非常奢侈地度过一生了。为什么他还要去创立特斯拉和 SpaceX 呢？其实人生并不是一座山峰，而是一座座的山峰，你当然可以征服一座高山后休息，但是你也可以一座一座地去征服，根本没有尽头。

一般人喜欢谈你站在哪一个高度，这是因为他站在了静止的角度去看世界。我喜欢从你向上爬升的速度去看，如果你速度足够快，你迟早可以超越每一个高度。

在我认真学英语的过程中，我不断地去秀自己并不好的口音，自己写的并不通顺的句子。经常有人不理解，甚至嘲笑，确实这里面有很多人可能比我当时的英语水平高，他就在那一个时刻就我们两个人的英语水平较一个高下，但是一年后，我在一个公开场合做了一次全英文的演讲。后来，我开始看全英文的书，一本、两本、三本，直到现在已经七八本了。再后来，我开始在 Quora 上回答问题，一开始没有人点赞，或者点赞的人寥寥无几，但是现在我已经写过收获几百个赞的回答了。我持续地在变化，那些之前嘲笑我的人就开始慢慢地变得可笑了。这就是持续成长的力量。

持续成长才是我们应该有的目标，因为它比任何目标都谦卑，每个人都可以拥有它、实现它，同时它也比任何目标都伟大，每一个持续成长的人都没有尽头，无法被阻挡。

再说内心平静。我们正在从一个匮乏社会向一个充沛社会转变。也就是说，最大的矛盾将从吃饱穿暖变成精神追求方面。一个人如果吃饱穿暖了还不幸福，问题出在哪里呢？当然是内心不快乐了。

我们已经没有那么大生活压力了，大多数人可以轻松地活下来。这个时候，你是不是应该多想想，怎么让你自己的内心得到快乐呢？

即使是从功利的角度去看，在这个时代，如果你能顺从你的内心，你可能能做出来更伟大的东西，从而获得更好的物质回报。

这个时代在剧烈地变化，但是，造成很多人的困惑、迷惘和不幸的，不是变化本身，而是不明白如何应对变化。社会意识和思想的进化速度总是慢于社会本身的进化速度，这就会造成思维方式和现实状态之间的扭曲。我们需要做的是积极应对改变，用学习来对抗变化，保持年轻和积极的心态。

但是同时，我们又需要保持基本价值观和个人性格取向的不变来应对万变。

从而，获得内心平静和满足。

一 环境和你个人的关系，君子反求诸己

宋程颐《周易程氏传》卷三："君子之遇艰阻，必反求诸己，而益自修。"

什么意思呢？就是说，君子遇到了问题，一定从自身出发找问题，找解决方案，从而更加有自我修养。

这也是这两年我最有体会的一点。

事实上，我的古文功底并不好，也没有读过太多古书。我认识到这一点，不是因为受到了孔孟和程朱的教导，而是因为我遇到了很多求人并不能解决的问题，最后的解决方法是什么呢？是求己，是改变自己，提升自己。

两年前，我创业的项目 iApp4Me 陷入绝境，用户没有什么增长，新的投资也无望。那时候我大概有半年多的时间都在四处找新的投

资，如果没有新的投资进入，公司肯定会弹尽粮绝濒临倒闭。半年中我见了无数的投资人，其中不乏很多关系很不错的，以及一些颇为喜欢我的投资人，但是项目不行就是不行，说话虽然很客气，但是没有人给我继续投资。

外援之路已绝，我决定自救，虽然茫茫没有目标，但是我还是选中了一个当时和现在看起来都不怎么靠谱的项目“平板上的电子书排版引擎”去做。又做了几个月，新的项目虽然帮助公司挣了十来万，但是在当时的公司规模下，也是杯水车薪。我跟自己的投资人商量过后很绝望，他劝我可以考虑先裁员再说，降低了运营成本，再看新项目是否有一线生机。

兵行险招，然而如今两年过去，这个我自己都觉得有点儿荒谬的项目，拯救了我的公司，我们目前不靠投资活着，虽然不是非常赚钱，但是非常健康地活着。

经过了那一段时期以后，我就经常去想，这个世界谁可以救你？没错，我的投资人、朋友，以及很多粉丝，都在各种各样的时机帮助过我很多很多，但是真正可以左右我前途的，影响我发展的，只有我自己。

我相信大多数人一开始都是脆弱的，希望活在这个世界羽翼的保护下，希望自己能在一个平台上无忧无虑地成长。然而，现实是什么？现实是，一切不是你自己的努力构建的东西都是脆弱的，都是可能消失的。只有你对这个世界的理解，你的能力，你的胆识，你的魄力，所有你独特的东西，才会长期影响你的境遇、你的前途和你的福祉。

站在外面去看别人的成功时，容易以为一切都来得那么轻松。是啊，刘强东的公司莫名其妙就资产千亿了，他莫名其妙就泡到奶茶妹妹了，这家伙真是狗屎运啊。

如果你这么去想，这么去理解世界，你就绝对会一事无成。

这世界没有无缘无故的成功。有无数人在那里说比尔·盖茨的成功不是偶然，他妈是某某组织的某某，对 IBM 有着巨大的影响。我们姑且认为这是真的，那好，请你去看看他妈的上司、下属、同事，有几个的孩子跟比尔·盖茨一样成功？

其实，这个世界上有多少人可以成为首富？不难计算吧。

我不相信我可以成为首富，我也不相信你们可以成为首富，这太难了。

所以，我们就应该无所事事地过一辈子吗？我们就不争取更美好更幸福的人生吗？我们就不去做一个更伟大的人吗？

对我们大多数人来说，我们的起点都太 low，稍微一努力就成果惊人啊。

昨天跟一个资深的前媒体从业者，我的好朋友聊天。聊起了现在的微信公众号、罗振宇的视频等等。

他说，传统媒体的记者们都废了。我也有同感，我一个程序员都可以写一个粉丝众多的公众号，动不动一篇文章打赏几千元，那么多记者都在做啥呢？为啥还会满足于某些媒体微薄的工资呢？不是职业写作吗？不能稍微努力努力吗？

为什么呢？是因为这些人没有接受过更好的教育吗？肯定不是吧。是因为这些人文采没有我好吗？我的文章写得够一般的了吧？

其实很简单，这些人活在媒体里，活在一个组织结构下，为了那一碗饭，去写那些领导要求的无聊的东西，他们没有机会去写自己喜欢的东西，去写有意义的东西。慢慢就变成了写作的机器，没有思想和灵魂。

这其实是这个世界的常态。

所以我说，让大家做杰出的人，很多人说很难。

哪里有什么难的。大多数人在睡觉，你醒着你就是杰出的，这有毛难的。

大多数人一年不背100个单词，你每天都背10个单词，一年以后，你就秒杀99%的人。

大多数人把生命浪费在看国产剧中，一天两个小时，你用这两个小时看看书，你就秒杀99%的人。

做一个杰出的人有无数的路径，因为大多数人做了太多太多无聊的事情去浪费生命，你但凡少浪费点儿就很杰出了。

但是最重要的是，大多数人自己境遇不好怪别人，你不要这么想。你要明白，这世界当然有问题，这社会当然有问题，但是你过得不好，主要原因还是自己，也许是自己蠢（看书学习少），也许是自己懒，也许是自己不够努力。这并不是什么不能接受的事实，反之，这是天大的好消息，因为这说明，但凡你不要那么蠢，不要那么懒，不要那么不努力，你就会过得好很多，多好啊！！

《细节决定成败》的贡献和流毒

《细节决定成败》是一本挺老的书，当年红极一时，我当时也认真地看了，到现在还记得里面的一些小细节。这本书在一个合适的时间提供了一个很重要的视角，就是很多时候，我们都需要注意细节，很多时候细节可以决定成败。那时候，中国还在高速增长期，我们慢慢地不再为怎么吃饱而忧愁，需要各种服务品质的提升，所以要注意细节的这个思想，在那个时候，对这个国家的服务业、制造业等等都有很大的价值。

但是这两年，我发现了一些奇怪的异化。开始有很多人过于关心细节，甚至可以说纠结于很多无关紧要的细节。如果你的产品服务已经趋于完美的话，这样做本身也没有什么问题，但是更多的时候，我们看到的是一些找不到重点的关心细节。

这种潮流的流毒非常可怕，比如前两天有朋友说了个故事，某游戏公司老大学会了用日志分析用户行为以后，把这个做到了极致，但是，但是，这个游戏根本不好玩的问题，没有人管。

在生活、工作中，我也见过太多太多关注了无数细节，却做不好基本的事情的人。

细节非常重要，很多细节可以决定成败。但是一定要记住，不是所有的细节都那么重要，不是所有的细节都决定成败。不要做一个只见树木不见森林的人。

每个人的时间和精力都是有限的，每个项目的投入都是有限的，每个公司的预算都是有限的，我们做任何事情，都是在有限的资源和时间里面去做的，首先要寻找最重要的决定性因素，做好以后，再去做好每一个细节。一定是从重要的事情入手，逐步地过渡到做那些不重要的事情。

听起来这个道理很简单，但是实际不然。

大多数人做事情的时候，只喜欢按部就班，没有分清主次的习惯。

就拿市面上大多数不成功的App来说，一个App为什么成功，美观重要吗？UI、UE优雅重要吗？字体、字号好看重要吗？这些都很重要，对吧。

但是，有用最重要。拿备受诟病的12306来说吧，这东西烂吗？烂！这东西丑吗？丑！

为什么我们要用呢？因为我们不用它的 App 和网站的话，我们就要出门去买票，用它的话，我们可以躺在床上买票。

审美观重要吗？重要。但是跟让我们起床来比，审美观就没那么重要了。

再拿我的公众号来说，我从来不在乎字体、字号，以及排版、错字。为什么？因为我相信我每篇都在传达一些大多数人都会忽视的信息，大多数人看到这样的信息，就会忘记这个公众号排版上会不会有一些瑕疵。而如果一个人只看到排版的瑕疵，只看到我长得丑，那么我就不觉得我应该继续给他提供服务，因为他找不到重点，找不到重点的人没有前途。

有很多人称得上勤奋，但是毫无建树，这种人很多时候就是因为分不清主次。

不是说你不可以追求细节，但是记住，一定是解决了最大的矛盾以后，再去追求细节，不要做细节完美、主体完全不可用的产品。

一 改变不会在一夜降临，有耐心的人才能看到花开

楠子写了一篇爆款的文章《男友比自己大十几岁是怎样的体验》，瞬间就在朋友圈里面转爆了。有很多人跑来说羡慕我，有这么漂亮的女朋友，也有人跑来说，你怎么找到一个文笔这么好的女朋友。楠子的文章一直都写得不错，但是这是她在微信的第一篇爆款文章，一夜之间浏览量已经过了 2 万。然而，在这之前她已经不中断地写了 30 多封给读者的信，我不认为这篇爆款的文章是一个偶然。

小时候，也曾经央求父母从花店买来花种，希望自己种花。你第一次浇水后，等了很久很久，它没有破土而出。你等啊等啊，就再也懒得理它了。直到某一天父母提醒种子发芽了，你很懊悔，为什么我没有亲眼看见这一切，为什么我那么没有耐心，我要呵护你，

我要眼睁睁看着你成长，于是你继续辛勤地照顾，仔细地浇水。怎么长得那么慢，怎么老是不开花？算了吧。

于是，自然是第二次懊悔，当它真正开花的时候，你不由得奇怪，这么久没有人照顾，它是怎么成长的？这时候，你父母可能会悠悠地告诉你，你应该更有耐心，他们一直在帮你照顾它，所以它才能继续成长开花。父母自然懂得应该耐心的道理，不然他们怎么养大你？你从出生至少要到 8~9 个月以后才会简单地说话啊。

事实上，这世界上所有的变化和成长都是非常缓慢的。也只有这些缓慢的变化和成长才能慢慢积累，慢慢累积成天翻地覆的变化。

很多事情为什么大多数人不能坚持，就是成效太慢。一天背 100 个单词难吗？其实不难，问题是大多数人背了几天以后就会想，我已经这么努力了，为什么没有成效？我老说聪明有时候是个大问题就在于此，不胡思乱想的话，你还有可能坚持，但是一聪明一多想，就会得到一个“这样做事情太辛苦，好累，不值得”的结论，结果呢？结果是笨的人也许背了一年，学会了很多东西，聪明人三天打鱼两天晒网，最后啥也没有学会。

我是一个聪明人，所以我要不停地提醒自己，着毛急，人生长着呢，多做有积累的事情。每次想明白了这个，才有可能真正地进步。

外部条件解决后，你会发现最大的阻碍永远是你的内心

在微博上看到一段侯孝贤的话："以前我们拍胶片，很贵！现在都数位化了！可以没有限制地拍，年轻人，你们还怕什么呢？！勇敢地去拍吧，我还要至少再干十年！"

这句话让我很感慨，以前一个名不见经传的人想去拍一部电影，最大的阻碍就是胶片贵，演员你可以找业余的，合作伙伴也可以找业余的或者朋友，但是胶片一秒钟就是 30 张，每一张都是钱。有很多现在有名的大家，都是靠一部制作非常便宜的作品成名的，而他们之前做的最大的努力就是攒够或者借到胶片的钱。

可是到了今天，你用 5D Mark II（在相机里算贵的，比专业电影设备还是便宜多了）就可以拍高清电影的时代，每一个有自己电影

梦想的年轻人都拍出电影了吗？显然没有。

王阳明说：破山中贼易，破心中贼难。

说得很有道理，从古至今，大家虽然都在抱怨各种外部条件，但是真正阻碍一个人成就一番事业的，往往不是外部条件，而是你内心没有足够的渴望，你没有足够强大的内心去面对这个世界的质疑和自己的彷徨。

我从小就喜欢电脑，从自己还没摸到电脑的那一刻起，我就一直渴望。上高中的时候，我同学跟我说 C 语言比学校教的 GW Basic 更强大，他买了两本书，我们两个就在摸不到电脑的情况下，生看了两年多这两本书。环境是问题，但是你真心热爱的时候，你会想尽办法去解决问题。

那时候我住校，家里有一台小霸王学习机（类似一个玩具电脑），只能打 Basic，我有一天想到一个自己如何写一个解释语言的方法，于是我决定模仿 LOGO 语言的语法，可是小霸王学习机在家里，我住校，一个星期才能碰一回，怎么写这个程序呢？我就在纸上写，写了 10 多页。某一个星期回到家里，一页一页地敲进去，敲的过程中，自然发现这个代码很难完美地执行，就边敲边改，大概花了五六个小时才搞完。

如果你总是说你想做好某件事情，但是从来不付出艰苦的努力，从来都是用这个环境不行，那个环境不行来为自己开脱，我第一怀疑你是不是根本不想做好这件事情，第二我怀疑你可能什么东西都做不好。

社会在不断地进步，虽然有各种各样的问题，但是不得不说，跟我年轻的时候比，学习一个东西、做一件事情越来越容易了。有很多非常优秀的年轻人在十五六岁做出来的东西，已经可以让二十七八岁的我汗颜了。但是，也有更多人，虽然口口声声喊着要学英语，要学写程序，要成为一个人才，但是看不到任何的行动。

几年前，MOOC（慕课）开始流行，全球有很多一流的大学都把自己的课程录成了视频，你坐在家里就可以看到斯坦福、耶鲁的教授讲的课了。一夜之间，全球所有人都可以共享到世界最优秀大学的教育资源了。有很多人惊呼这将改变世界。但是几年过去后，大家发现，虽然这些课程非常优秀，但是看的人并不多，或者说，每一个课程发布的时候，都会吸引无数的学生，但是看完的人并不多，大多数人只看了一节课就没有再继续下去了。

为什么呢？

这给我的反思是，没错，以前的问题在于教育资源的不平等，如果你考不上耶鲁你就上不了耶鲁的课。但是现在也许在说明，你考不上耶鲁，是因为你没有那么想上耶鲁的课，或者你口头说你想，但是你实际上根本不会付出那么多努力。每次当你有雄心壮志的时候，你可以几天几夜不睡把全世界最好的 MOOC 视频下载到你的电脑里，甚至你可能去买一个大移动硬盘来存储它们，然后呢？然后就没有然后了，它们会和你其他的雄心壮志一样，永远沉睡在那里。

就像有多少人立志要学好摄影，买了昂贵的摄影器材，结果出门旅游的时候连带都懒得带出去。

问题永远不在外部环境，不在这些配件上，永远都在你的内心。

有很多人经常跟我说，我学了10年的英语还是学不会啊，英语太难学了。这些人是真的智商不行吗？是买不起英语书，买不起词汇书，买不起词典吗？都不是，遇到这种人，一般来说，最简单的检测方法是问他几个词。你会发现他对abandon、absence、aboard这些词非常熟悉，因为他们背了10年的单词，一直在背单词表的第一页，你问一下b打头的单词，他们马上就哑巴了。

你问任何一个伟大的人，一个伟大的征程是怎么开始的，怎么一直继续下去的，其实答案大同小异，往往都是先迈出第一步，然后迈出第二步，然后……

大多数的人的问题在于，有时候，他们不敢迈出第一步，有时候，他们不敢迈出第二步……

一 寻找和突破心障

什么是心障？

我最早体会到这个问题是在2013年底的一天，我想到我已经工作了将近13年，但是我从来没有休过一次大假，没有去过任何地方旅游。我不是一个工作狂，我经常迟到早退，我虽然有写代码写到两三点不睡的时候，但是更多时候我只是一整天什么都写不出来，各种晃荡，刷刷微博，看看网页。

这13年，假设1年有12天年假，也有156天，这还没计算十一、五一、春节的假期，以及那些双休日。双休日用来去趟韩日固然不够，但是去个郊区踏踏青还是绰绰有余的。假设我也是一个热爱旅游的男子的话，那么这么多天，我应该可以环游世界了吧，至少我应该可以有时间把我非常想去的美国、日本等国去过一次吧。

OK，钱算是个问题，但是我上班这么多年，糟蹋了这么多钱，买了那么多的苹果设备、书等等，13年花个几万去旅游应该不算多。

可是，我就是哪里都没有去过，问题出在哪里？

我把这就叫作心障，就是说，人生中总有些障碍阻挡着你去做你想做的事情，但是这些障碍里面有一些是物理障碍，如果你真的没有时间和金钱，不去旅游也就不去了。如果你有时间，有金钱，也有一颗说走就走的心，但是你哪里都没有去过，那就是心障。

楚门的岛

在《楚门的世界》这部电影里面，金·凯瑞扮演的楚门从小就生活在一个巨大的摄影棚里面，摄影棚里面有一个小岛，从小聪明活泼的楚门就一次一次接近这个岛的边缘，于是这个岛越建越完善，越来越难以逃脱。机智的导演还设计了楚门的父亲带着他一起在海上航行，但是在风暴中落水身亡的戏码，使楚门患上了恐水症。所以，楚门30多岁了，还没有离开过这个岛屿一次，没有离开过这个摄影棚，没有见识过自己的真实的命运。

看这部电影的时候，我不知道有多少人可以感同身受，是，没错，我们没有活在一个真人秀里面，我们没有被从小操纵着长大。有一天我开始思考，我难道不是活在一个小岛上面吗？

或者说，也许楚门的监狱是导演构建的，我的监狱是谁构建的呢？

真有人拦着我去旅游吗？真的有人拦得住吗？为什么我还是没有出发呢？这就是心障。

三点一线

我在上海经常组织乱谈会，就是一堆程序员坐在一个咖啡馆里，或者是复旦光华楼前的草坪上，在我的主持下聊天瞎扯。有一段时间，我经常问所有参与的人，你来上海多少年了，你去过哪些地方？有些人体验十分丰富，但是更多的程序员会回答我，来了三四年，但是只去过住的地方以及附近的超市、公司，或者最多去过外滩之类的。

我就问他们，你真的完全不喜欢出去玩吗？有些人是的，但是另外一些人说，也没有，不过觉得人生地不熟的，所以来了上海那么久哪里都没有去过。

然后，我就会问他们，那么有人拦着你去玩，或者说你没钱坐地铁，或者说你真的完全没有时间吗？大家会说，也不是啊。

这是我发现的另外一种普遍存在的心障。

学习的成本问题，这是不是另外一种心障？

当你推荐一本书给别人时，他们往往会问，厚吗？需要看多久啊？或者有人直接会在书评里这样说，这本书很好，但是太厚，看起来需要半个月，不合算。

又或者，我经常被一些初学者问，Tiny 老师，Objective-C 学起来难吗？我听说至少要学半年才能学会，值吗？再或者，有人会问我，Tiny 老师，我很想转行做程序员，但是去 ×× 青鸟报一个班，需要 1 万块钱，学半年，你觉得性价比怎么样？

虽然我内心觉得知识无价，但是当有人这么务实地问我，我还是会觉得仔细思考性价比、合算与否是很聪明的表现。其实，我有时候也这样，有很多非常想弄懂的东西，但是发现要弄懂就需要看完一本大部头，或者需要自己潜心搞半个月，最终还是放弃了，感觉不值嘛，人生苦短，那么折磨自己做什么？

直到……

我 29 岁的那年诊断出来有Ⅱ型糖尿病，当然你知道这个病不是立刻要人命，而且也不会有什么巨大的猝死风险。但是，我就是这么一个性格，我开始考虑各种终极问题。如果我只能再活 5 年、10 年怎么办？这些问题我之前从来没有想过。但就是糖尿病让我开始思考。

思考的结果是，我的一生虽然有很多遗憾，但是就算只有 5 年可活，我还是想继续做一个程序员。那么如果我还有 30 年可活呢？还是做一个程序员。

这时候，我感觉自己豁然开朗，我当时 29 岁，如果再活 30 年的话，也就是 59 岁，程序员这个职业干到 70 岁都可以，何况 59 岁呢？

然后我开始思考，如果有一门语言或者一个技术需要我花半年去学，合算吗？我发现怎么都合算。即使是我在 1992 年开始碰计算机的时候学的东西，现在虽然都过时了，仍旧感觉没有白学，因为对我形成现在的系统化思维有很大的帮助，对我理解计算机软、硬件的前因后果有很大帮助，而且学会以后都使用了很多很多年。那么，还有什么东西会白学呢？如果学一个东西学了半年，可以用 5 年，当然不亏啊。如果一个东西需要学两年，可以用 10 年呢？也不亏啊。

那天，我觉得我突破了另外一个心障。

《好好先生》

金・凯瑞的电影《好好先生》里面有一段，Yes 大师说：

Life we are all living it. Or are we?

Change is generated from consciousness, but where consciousness generated from? From the external.

And how do we control the external? With one word. And what is that word?

Yes.

When you say yes to things, you embrace the possible. You gobble up all of life's energies, and you excrete the waste.

这段大致可以译为：

我们都活在生活之中。真的吗？

觉醒带来改变，但是什么才能让你觉醒？外界。

我们如何控制外界？用一个词。什么词？

是。

当你对事物说“是”的时候，你拥抱了各种可能性。你汲取了生活的全部营养，你排出了废物。

当然，我这里不是想说我们应该对外部世界的一切请求都说yes。跟《好好先生》的表面相反，但是和它的内涵正好一致的是，我觉得你应该对内心的一切请求说yes。

记住时刻思考一个问题，我是不是对别人太nice了，我对自己该不该好一点儿呢？

不敢追求美好的生活是不是一个心障？

某一天，新浪微博上某刚刚融了5000万美元的创业公司的一个技术负责人发了一条招聘启事，大意是，不论使用何种技术，只要水平够好、热爱生活的人就可以应聘，最高薪资可以开到50万一年。

我的公司还在生死线上挣扎，年薪50万我需要吗？我当然需要，所以我开始考虑，我够不够格，我算不算一个热爱生活的人。如果是的话，我要不要投一份简历去呢？

然后，一个巨大的问题被扔了过来，什么是热爱生活？我热爱生活吗？如果年薪50万需要我热爱生活，OK，我当然可以热爱生活，但是我热爱吗？

后来，我一直没有想起来给这家公司发简历，但是我却找到了一把尺子去衡量自己对生活的态度，不管遇到什么事情，我都会问自己，这算热爱生活吗？

比如，我目前和一个同事合租，一般是我做饭，但是他去买菜的时候多一些，总是买一些很常见的蔬菜，胡萝卜、土豆、西红柿、黄瓜，这几样几乎每次都买。我总是按着他买回来的菜来做饭，有一天我就开始想，这不算热爱生活啊。我天天吃这几样菜，做这几样菜，就算没吃腻，做也做腻了。

于是，我就跟他商量，我说我发下宏愿，要把周围菜市场里面所有种类的菜都炒一遍，你以后买菜记得经常买些咱们没吃过，或者没有做过的蔬菜。于是，慢慢地，芦笋、山药、茭白、豆芽、荷兰豆、韭黄等等等等，我们吃得越来越丰富，还发现了很多我们两个都很爱吃的做法。

有一天他带回来一个西葫芦，我小时候吃过无数次，但是很多年没有再吃过，而且没有见过做好之前的西葫芦的样子。我就问他这是什么，他说他也不知道。于是我只好拍了张照片，发在微博上，很快很多人都说是西葫芦，我就找了一个菜谱大致看了下处理方法，然后按照自己的想法做了一道菜。结果我感觉很好吃，很久没吃到这种味道了。

再后来，我干脆开始扩展烹调的范围，开始尝试自己烹调鳕鱼、扇贝、带鱼、龙利鱼，过段时间，我还准备挑战自己焗龙虾。

我认为这是热爱生活。但是这种热爱，不是说你一定要抽出时间自己做饭，也不是说你学不会做饭也要硬学。

寻找和突破心障的意义在哪里？

年轻的时候，我是一个效率主义者，吃饭喜欢吃好消化的东西，喜欢吃能量高的东西，喜欢吃得很快，所以长得这么胖；甚至走路的时候，我会特意挑近路走，甚至跟赛车一样追求最佳入弯角度，等等。学习的时候也喜欢走捷径，喜欢各种各样的技巧，喜欢问这说明什么，希望找到真理，希望一切都有完美的答案。

随着年龄慢慢地增长，我才发现，快并没有太大的用处，很多时候，我们起步得很快，但是放弃得太早；有的时候，我发现真正浪费时间的不是工作效率不够高，而是在翻来覆去地纠结。

人生是一个很漫长的旅程，我们很难知道意义在哪里。但是人生来就喜欢追寻意义，可是问题来了，挖掘机技术哪家强呢？你在问这个问题的时候，纠结太多，你会发现最终什么都没有学会。你唯一追寻到的是“挖掘机技术哪家强？”的答案，不是学挖掘机本身。

寻找和突破心障的方法是寻找一种对美好世界和美好人生的渐进解，首先我们承认对这个世界的终极一无所知，但是我们知道近一点儿比远一点儿更好，我们不知道完美世界的图景是什么，但是我们可以一点儿一点儿努力去接近它。我们不知道目标是哪里，但是从渐进解出发，我们永远可以找到一个方向，一个清晰的方向，它可以告诉我们，我们一直在前进，一直没有停息。

图书在版编目（CIP）数据

技巧：如何用一年时间获得十年的经验 / 郝培强著. — 长沙：湖南文艺出版社，2016.9
ISBN 978-7-5404-7778-3

Ⅰ. ①技… Ⅱ. ①郝… Ⅲ. ①成功心理—通俗读物 Ⅳ. ①B848.4-49

中国版本图书馆CIP数据核字（2016）第205982号

上架建议：畅销 / 励志

JIQIAO：RUHE YONG YI NIAN SHIJIAN HUODE SHI NIAN DE JINGYAN

技巧：如何用一年时间获得十年的经验

作　　者：郝培强
出 版 人：刘清华
责任编辑：薛　健　刘诗哲
整体监制：毛闽峰　李　娜
策划编辑：钟慧峥
营销编辑：贾竹婷　雷清清
装帧设计：仙境设计
版式设计：潘雪琴
出版发行：湖南文艺出版社
（长沙市雨花区东二环一段 508 号　邮编：410014）
网　　址：www.hnwy.net
印　　刷：三河市鑫金马印装有限公司
经　　销：新华书店
开　　本：787mm × 1092mm　1/32
字　　数：180 千字
印　　张：9
版　　次：2016 年 9 月第 1 版
印　　次：2016 年 9 月第 1 次印刷
书　　号：ISBN 978-7-5404-7778-3
定　　价：38.00 元

质量监督电话：010-59096394
团购电话：010-59320018